UN RÉGIMENT DE L'ARMÉE DE LA LOIRE

HISTOIRE

DU

33me MOBILES

(Département de la Sarthe)

PAR LE LIEUTENANT-COLONEL COMMANDANT

Vte DE LA TOUANNE

18 août 1870 — 20 mars 1871

Coulmiers — Villepion — Loigny — Josnes
Villorceau — Vendôme
Le Mans — Saint-Jean-sur-Erve

LE MANS
IMPRIMERIE DE LA SARTHE
1872

(Vendu exclusivement au profit des blessés du régiment)

DÉDICAGE

—

A MM. les Officiers du 33e Mobiles

—

MES CHERS CAMARADES,

Vous me permettrez de vous dédier ces quelques lignes ; je ne connais pas de cœurs qui en soient plus dignes. Grâce à votre énergie, à votre sang-froid, à votre bravoure et à votre abnégation de tous les jours, vous avez donné confiance aux hommes, doublé leur patriotisme.

Honneur donc à vous, car vous avez mérité d'être traités par des généraux qui s'y connaissaient bien, de *corps d'officiers exceptionnel*, et c'est ainsi que nous avons fait du 33e un des meilleurs régiments de cette 1re division du 16e corps dont le général en chef dit : « La 1re division si admirable pendant toute cette campagne. »

Quand on a passé par de dures épreuves on en aime le souvenir. J'espère que ces pages vous aideront à le conserver intact. Quant à moi, vous savez que mon plus grand bonheur est de me retrouver au milieu de vous, de vous serrer la main, comme mon plus grand honneur sera toujours : vous avoir commandé.

Votre ancien et affectionné lieutenant-colonel,

Vicomte de LA TOUANNE.

Le Mans, ce 2 *octobre* 1871.

UN RÉGIMENT DE L'ARMÉE DE LA LOIRE

HISTOIRE

DU

33E MOBILES

La guerre venait d'être déclarée, le ministère avait fermé ses portes à tous les curieux, comme à ceux qu'allaient atteindre ses ordres. De vagues rumeurs circulaient. On parlait beaucoup du magnifique état de l'armée, des essais de nos mitrailleuses, de notre organisation si parfaite que nous avions plusieurs jours d'avance sur les Prussiens, tant comme concentration de troupes que comme appro-

1

visionnements de tous genres. On racontait les *speechs* du maréchal Lebœuf aux mobiles ses secrétaires ; tous les jours défilaient dans nos gares des troupes de toutes armes. Chacun s'y portait, et en voyant partir nos troupiers si confiants, si gais, de la vieille gaieté gauloise, on était profondément ému, et, lorsque le train s'ébranlait, tous se découvraient et les acclamaient.

Malgré tout cet espoir, on pressentait qu'il faudrait un soutien à cette brave armée. On ne doutait pas de ses succès, mais on savait que l'ennemi était nombreux, beaucoup plus nombreux et qu'il était nécessaire que la France fît appel au courage de tous ses enfants.

Arrivait alors la question de la garde nationale mobile. Cette force si nombreuse, si imposante, créée par la loi de 1868, était encore à l'état embryonnaire. Il y avait bien eu quelques nominations dans le 1er corps, mais dans tous les autres rien n'était fait. On s'en impressionnait, on accusait avec raison l'inertie du ministre, et, cependant, il fallait aussi accuser les idées d'économie qui avaient prévalu depuis deux ans dans le Corps législatif. Au maréchal Niel, au maréchal Lebœuf, on avait accordé 4 ou 5 millions, lorsque tout le monde pratique savait et proclamait qu'il en fallait 35. Du reste, on ne pensait pas alors que le rôle de la mobile dût sortir des limites tracées par la loi de 1868. On entrevoyait une promenade militaire au camp de Châlons ou la garde des places fortes, et si les optimistes prétendaient que tout serait fini au 15 août, les pessimistes, eux, prononçaient à peine tout bas le mot de mois d'octobre. Mais aux yeux de tous, il importait que cette force fût organisée promptement, car on s'avouait bien que, malgré la prétention qu'a tout Français d'être guerrier, il fallait que la garde nationale mobile fût la mobile et non pas la garde nationale. Le ministère répondait : Prenez patience, il y en aura pour tout le monde, mais nous ne pouvons tout faire à la fois.

La subdivision de la Sarthe faisait partie du 5e corps ; son tour arriva dans les premiers jours d'août. Par décret du 4 étaient nommés : commandant du 1er bataillon (La Flèche), M. de Lentilhac ; commandant du 2e bataillon (Mamers), M. de Mailly-Chalon ; commandant du 3e bataillon (Le Mans), M. Bigot de la Touanne ; commandant du 4e bataillon (Saint-Calais), M. de Musset. Les chefs de bataillon devaient faire leurs propositions pour constituer les cadres d'officiers immédiatement, instantanément presque, car, le 6, on apprenait notre premier désastre à Wissembourg. C'était une terrible chose. Ainsi surpris, obligés de rechercher dans les papiers de la subdivision, alors que deux ans avaient passé sur les demandes faites, il se trouvait que les uns avaient quitté le département, que d'autres voyaient leur santé leur interdire le service militaire, enfin, quelques dossiers avaient disparu. — Mais il fallait être prêt; on le fut.

Le 9 août, le ministère se retirait. Le général Montauban prenait le portefeuille de la guerre; dès lors, tout se précipitait avec une activité fébrile. Le 12 août paraissait le décret appelant à l'activité les mobiles dans les divisions de 8 à 22, et, le 13, le ministère de l'intérieur envoyait aux préfets une circulaire très-étendue concernant les mesures à prendre. — (Voir *pièce justificative n° 1.*)

Ces instructions se ressentaient de la précipitation qui les avait dictées. Comment persuader à ces jeunes soldats qu'ils devaient se munir de chemises et de souliers? Les chefs de bataillon réclamèrent énergiquement, demandant un équipement convenable et surtout des souliers. Devant cette dépense considérable, le préfet hésitait, lorsqu'intervinrent d'honorables députés qui se portèrent garants de la commande.

Quant à la question de l'ordinaire, il était impossible de l'organiser, les hommes devant loger chez l'habitant et n'ayant pas le moindre ustensile de campement. Malgré tout, les hommes étaient convoqués pour le 18 août et se présentaient à la revue qui, disons-le, fut passée si sévèrement qu'elle s'écartait singulièrement des instructions ministérielles. L'instruction commença dès ce jour tout en armant et équipant les hommes ; quant à l'habillement, il n'en fallait pas parler. Le Conseil général avait délégué une commission pour le surveiller et le hâter; malgré le zèle de ces Messieurs, le 7 octobre, jour du départ du régiment, les deux tiers des hommes manquaient de vareuses, et, pourtant, d'après le cahier des charges, elles auraient dû être fournies le 27 septembre.

Le *Journal officiel* contenait, le 23 août, des nominations de lieutenants-colonels pour commander des régiments provisoires composés de bataillons de mobiles. Il était donc probable que notre département recevrait la même organisation. En effet, par décret du 28 août, le commandant de la Touanne était nommé lieutenant-colonel pour commander le 33e provisoire d'infanterie composé de trois des bataillons de la Sarthe. Le général devait les désigner. Suivrait-il, oui ou non, l'ordre des numéros? Telle était la question. Le général de Négrier décida que le régiment serait composé des 1er, 3e et 4e. Le 2e, celui de Mamers, réclama énergiquement le droit que lui donnait son numéro; mais le général fut inflexible.

L'instruction marchait bien ; chacun se faisait à ce métier si nouveau pour plusieurs, lorsqu'arriva le désastreux décret ordonnant l'élection des officiers. Le général Trochu avait eu l'insigne faiblesse d'y consentir à Paris et ceci devant l'ennemi. Cette mesure devait s'étendre à la province. On avait d'abord espéré que non ; mais le décret était formel, il fallut s'y conformer. Ces tristes élections eurent donc lieu, et à part de très-rares exceptions, tous les officiers furent renommés, mais ils avaient le cœur navré. Le gouvernement de la défense nationale commençait là son action dissolvante ; avant de changer les généraux sans raison, il ébranlait la discipline vis-à-vis des officiers subalternes. Tous le comprirent ainsi et ils portèrent au préfet leurs réclamations et l'expression de leur indignation.

En sortant, ils trouvèrent dans la cour de la préfecture une compagnie en armes qui venait tout simplement faire dans cet appareil ses réclamations au préfet, prétendant exiger de lui une solde plus élevée. Les officiers prirent la première file par le bras, la firent sortir, et le reste suivit. C'était le premier résultat des élections du matin. Le lendemain, tous les officiers envoyaient, avec l'autorisation du général commandant, leur protestation écrite au ministère de la guerre, et ce par l'intermédiaire du préfet. — (Voir *pièce justificative n° 2.*)

Cependant l'ennemi avançait toujours. Paris était bloqué, Chartres occupé. Chaque département organisait sa défense, mais tous ces efforts faits sans unité, sans liens, ne pouvaient être qu'impuissants. Une première fois, le 20 septembre, le 3e bataillon avait reçu l'ordre d'aller se cantonner dans les environs du Mans, ordre contremandé presque aussitôt, lorsque le 23 septembre il fut décidé qu'il irait s'établir à La Ferté-Bernard pour servir de lien entre les bataillons de Mamers et de Saint-Calais.

La ligne à occuper et à défendre s'étendait depuis la forêt de Perseigne jusqu'à Château-du-Loir. Le 1er bataillon, arrivé de La Flèche le 24 septembre, devait rester au Mans pour servir de soutien et se porter sur les points menacés. Le centre était à La Ferté-Bernard, et l'on devait surtout défendre le chemin de fer.

Cette ligne était beaucoup trop étendue pour être d'une défense sérieuse, surtout avec 4,000 hommes armés de fusils à piston et n'ayant pas encore tiré à la cible. De plus, dénués de tous renseignements, on croyait voir l'ennemi arriver par Mamers et Nogent-le-Rotrou, ou bien par Authon et Saint-Calais. Il eût mieux valu occuper sérieusement quelques bonnes positions et détacher de là journellement de fortes reconnaissances qui, tout en éclairant le pays, auraient suffi pour arrêter les coureurs ennemis, ce qui pouvait être notre seul rôle. Car avec un arc de cercle aussi étendu allant de La Chartre à Perseigne par Saint-Calais, Vibraye, Montmirail, La Ferté, Dehault, Nogent-le-Bernard, Saint-Cosme, il eût été impossible d'être prévenus assez à temps pour se soutenir contre une attaque un peu sérieuse; l'ennemi ne marchant jamais sans artillerie. Mais c'était l'ordre, et le 3e bataillon partit le 29 pour La Ferté et y arriva le 30. Là, il dut aussitôt se diviser entre Lamenay, Courgenard, Saint-Jean-des-Echelles, Cherreau, Saint-Antoine, Dehault, La Chapelle-du-Bois, pour relier les deux extrémités de la ligne occupée par les deux autres bataillons. La deuxième ligne proposée pour la défense était le Grand-Lucé, Bouloire, Montfort, Tuffé, Bonnétable, Ballon.

Cependant le ministère, qui n'était pas au courant de tous ces projets émanant probablement d'un comité de défense quelconque, y coupa court. Le 2e et le 3e bataillon recevaient l'ordre de revenir immédiatement au Mans se réunir au 1er. Le régiment devait partir les 4, 5 et 7 pour Vierzon, afin d'y être armé de chassepots, et de là être dirigé sur Blois.

Aux difficultés inhérentes à ce départ définitif, vint s'en ajouter une nouvelle qui aurait pu devenir excessivement grave. Le ministère envoyait l'ordre de replacer dans leurs grades tous les officiers non réélus. C'était une terrible complication. Heureusement tout s'arrangea pour ainsi dire à l'amiable; des vacances s'étant produites, on put, tout en replaçant les anciens officiers, laisser à la plupart des élus leurs positions en prenant leur ancienneté pour base, et cet incident, qui pouvait amener une désorganisation complète, passa presque inaperçu.

La ville du Mans ne voulut pas laisser partir le régiment composé des enfants de la Sarthe, sans lui offrir un drapeau. Le 4 eut lieu, sur la place des Jacobins, la cérémonie de la remise du drapeau, et M. le capitaine Trotry-Girardière prononça, au nom de la garde nationale, le discours suivant :

« Mon colonel,

« La garde nationale sédentaire du Mans « est heureuse d'offrir ce drapeau, glorieux « emblême de l'honneur français, aux braves « enfants de la garde mobile de la Sarthe « placés sous vos ordres. Bientôt, mon « colonel, vous serez appelé à les conduire « au champ d'honneur, où drapeau et « soldats recevront le baptême du feu. Au « moment du danger, chers enfants de la « Sarthe, nous sommes sûrs qu'il n'y aura « pas de défaillances. Ralliez-vous toujours « à l'ombre de ce drapeau, sa vue vous « rappellera vos pères, frères et amis du

« Mans, qui vous en ont confié la glorieuse « défense et vous crient : Courage ! en « avant ! Vaincre ou mourir pour le salut de « la patrie.

« Au revoir, mon colonel, au revoir, mes « amis, et séparons-nous aux cris de : Vive « la France ! vive la République ! »

Les deux premiers bataillons étaient déjà partis quand la division de Tours l'apprit. De là, grande émotion, dépêches fulminantes. Le général répondit par l'ordre ministériel, et le 3e bataillon partit à son tour, mais lui n'alla que jusqu'à Blois. A Vierzon, les deux premiers bataillons avaient surpris tout le monde par leur arrivée. Le premier avait dû camper faute de logements, et, cette nuit passée sous la tente sans couvertures, avait fait entrer le lendemain quatre-vingts hommes à l'ambulance.

Le général Peitavin voulait garder le régiment pour sa division, mais la première attaque d'Orléans avait lieu. Les hommes furent embarqués ; on leur donna immédiatement leurs cartouches, ignorant s'ils ne seraient pas appelés à faire le coup de feu en route. Enfin ils arrivèrent à Blois presque en même temps que le 3e bataillon.

Le régiment se trouvait ainsi réuni le 7 octobre; on se logea tant bien que mal, partie chez l'habitant, partie dans des casernements appropriés pour la circonstance. Le 8, le 9, le 10 se passèrent à Blois, les hommes apprirent à s'équiper, à manier leurs chassepots. Cette jolie ville de Blois était toute souriante, un beau soleil se jouant sur le sable de la Loire, ces platanes, ces promenades, tout paraissait joli, et l'on eût souhaité pouvoir traiter de rêves les nouvelles données par les journaux.

On n'était pas sans inquiétudes sur le sort d'Orléans et de Châteaudun. La brigade de cavalerie Tripart s'était, croyait-on, portée vers Bonnétable. Il n'y avait donc plus en avant de Vendôme que les bataillons de mobiles du Gers et de Loir-et-Cher.

Le 10 octobre, le général Michaux, commandant la subdivision, fit donner l'ordre de se tenir prêts à partir pour Cloyes; à onze heures, tout le monde était l'arme au pied, lorsqu'un particulier, entrant comme une avalanche dans le cabinet du général, vint lui reprocher très-vivement d'envoyer à Vendôme un régiment qui, selon lui, pouvait être plus utile à Orléans menacé. En ce temps de comités de défense si singuliers, le général hésitait, lorsque le commandant de Musset, arrivant au galop de la gare, annonça la prise d'Orléans par l'ennemi. Dès lors, il n'y avait plus à hésiter, et nous nous acheminâmes tristement vers Cloyes. A un kilomètre de Vendôme, nous trouvions la musique de la ville et nous recevions l'accueil le plus chaleureux et le plus patriotique des habitants, quoiqu'ils fussent déjà écrasés par les logements militaires. La brigade de cavalerie que le général Michaux croyait à Bonnétable, était toujours à Vendôme, et avec elle une compagnie de francs-tireurs commandée par un chef devenu plus tard célèbre dans l'armée de la Commune, La Cecilia. Dès le lendemain matin, le général Tripart nous fit connaître nos diverses directions, et ce par une pluie fine et pénétrante.

A peine réuni, le régiment était dispersé, et ses compagnies entremêlées à celles du Gers et de Loir-et-Cher. Tout le 1er bataillon allait à Cloyes avec détachements sur Saint-Jean-Fromentel, Villetrun et Fontaine-Raoul; le 3e, à Marchenoir, Epieds, la Chapelle-en-Chérie et Sainte-Gemmes. Le 1er bataillon de Loir-et-Cher occupait Josnes, Roche, Lorges, Saint-Laurent-des-Bois. Son commandant, M. Clauzel, se trouvait ainsi réuni au lieutenant-colonel et au commandant de Musset. Le commandant de Montlaur, du 2e bataillon de Loir-et-Cher, occupait Morée et Ecoman.

Orléans étant occupé par l'ennemi, nous avions ainsi l'honneur de tenir la première ligne. Dépourvus de cavalerie et les habitants n'étant nullement disposés à nous éclairer, la position était assez critique. Les meuniers seuls se montrèrent patriotes et indiquèrent en général avec assez d'exactitude les points menacés.

Les Prussiens prononçaient leur mouvement vers Beaugency et semblaient vouloir prendre la même route qu'en 1815, car leurs éclaireurs avaient passé près de Poily. A l'autre extrémité ils se montraient devant Châteaudun où avait lieu une panique atroce qui se propagea jusqu'à Vendôme. Le commandant de Lentilhac dut se rendre de sa personne à Châteaudun pour aider à calmer les inquiétudes de la population.

Autre complication. Ignorant la présence du général Tripart à Vendôme, le général Michaux envoyait des ordres directs à Marchenoir, et voulait faire occuper Beaugency, mais les Prussiens nous avaient prévenus et nous nous trouvions ainsi prêts à être cernés, soit par notre droite Beaugency, soit par notre gauche Cloyes, n'ayant derrière nous aucun soutien ; car, si le 16e corps s'organisait, il n'était pas encore prêt à marcher. Il fallut même que l'ennemi ait été mal informé ou qu'il ait cru beaucoup plus forts les divers éléments réunis à Blois pour qu'il n'ait pas tenté de venir culbuter immédiatement ce corps en formation qui devait plus tard lui coûter si cher.

Nous étions donc à peine 5,000, *éparpillés*, suivant l'expression de l'intendance, pour défendre cette longue ligne de Josnes à Cloyes. Le 33e seul avait 90 cartouches par homme, mais pas d'approvisionnement ; quant aux bataillons de Loir-et-Cher, armés de fusils à piston, ils avaient 35 cartouches par homme. C'était complétement insuffisant pour résister efficacement à une attaque sérieuse. Un officier de Loir-et-Cher s'était déguisé et avait pu parcourir les lignes prussiennes. Il revenait affirmant les forces ennemies à Epieds, Coulmiers, Saint-Sigismond. Des coureurs venaient jusqu'à Josnes. Le cercle semblait donc se rétrécir tandis que nous nous affaiblissions, car la brigade Tripart était rappelée à Blois.

En voyant les reconnaissances de nuit, les patrouilles incessantes, en voyant les commandants passer la nuit dans les rues de Marchenoir, on pressentait une attaque imminente, lorsque le 15, au moment de l'appel, le capitaine Estève, placé à Saint-Laurent, fit prévenir qu'il allait être attaqué et demanda du secours. Immédiatement la marche du régiment sonnait. Le commandant de Musset se portait avec trois compagnies à Saint-Laurent où devaient se replier les compagnies détachées de Loir-et-Cher, les autres se rendaient à Autainville et étaient placées à Vallière, à la Pourcellière, à l'Alleu, à la Chaise, à la Touche, au Cognet, de manière à pouvoir défendre vigoureusement l'entrée de la forêt.

Arrivés à Autainville, nous apprenions la vérité. Plusieurs officiers avaient voulu tenter un coup de main sur un escadron de cuirassiers blancs bivouaqué près de Binas, mais dans la nuit ils revenaient successivement sans avoir rien pu tenter et affirmaient tous que l'ennemi était en force. En même temps le général Tripart prévenait officiellement de son départ, déclarant que maintenant *les commandants ne relevaient plus que de leurs propres inspirations.*

En présence de notre isolement, tous les moulins indiquant l'attaque sur nous, nous

nous acheminâmes sur Ecoman et Vievy-le-Rayé. Nous nous trouvions là en force tous réunis avec plusieurs ponts sur le Loir, nous permettant de le passer si nous étions attaqués par des forces trop considérables. La configuration du terrain se prêtait à une défense facile et on pouvait avoir des avant-postes sérieux à la Colombe avec des éclaireurs à Autainville. La forêt se trouvait donc gardée et nous ne courions plus le risque d'être enlevés. C'est, du reste, cette position que choisit le général de Sonis lorsqu'il dut se replier après son affaire de Brou. En outre nous pouvions toujours arriver sans craindre d'être coupés à Châteaurenault, point expressément indiqué comme ralliement général. Il fallait bien avant tout couvrir la délégation do Tours qui tremblait à l'idée d'être enlevée par un coup de main.

D'Autainville à Ecoman nous trouvions les traces irrécusables des coureurs ennemis, leurs marques hyéroglyphiques sur les routes, les ados de fossés, les arbres. Arrivés à onze heures, les postes étaient placés, la soupe commençait à se faire quand un gendarme fut signalé. Qu'apportait-il ? c'était l'ordre de départ du général Tripart, et avec lui l'ordre ministériel donné au 33e de se diriger immédiatement sur Blois. — (Voir *pièces justificatives nos 3 et 4.*)

Quelle confusion, deux ordres se contredisant ! mais dénués de nouvelles comme nous l'étions, la notification *urgent* ne permettait pas d'hésiter. Il n'y avait pas un instant à perdre, nous allions être embrigadés, c'est-à-dire avoir une organisation sérieuse, appartenir à un corps d'armée, ne plus être des malheureux changeant chaque jour de commandement. C'était tout ce qui pouvait nous arriver de plus heureux ; aussi, lorsqu'il fallut partir à dix heures du soir par une pluie battante pour faire cette longue étape de Morée et d'Ecoman à Blois, trouvions-nous, si c'est possible, le temps moins vilain.

Au moment de rompre, la 3e compagnie du 3e bataillon placée au moulin de Vievy eut une véritable alerte. Les sentinelles crurent voir arriver un uhlan. Quelques coups de feu furent tirés, mais on ne put s'assurer exactement de ce qui s'était passé. Il n'y a rien d'impossible à ce que des éclaireurs ennemis nous aient escortés quelque temps.

Enfin, le lendemain lundi 17, nous arrivions à Blois à deux heures, très-fatigués mais en bon ordre. Le 1er bataillon avait suivi le mouvement ; obligé de se rendre à pied de Cloyes à Vendôme, il ne nous rejoignait que le mardi.

Le commandant de Lentilhac arrivait porteur d'une pièce curieuse. Ayant remarqué entre les mains du maire une affiche qu'il allait publier, il en prit d'abord connaissance et vit que le préfet d'Eure-et-Loir annonçait la présence de 40,000 ennemis entre Ouzouer et Binas. Sachant parfaitement que ce renseignement était faux, il en avertit immédiatement le préfet afin de ne pas inquiéter la population sans raison. Le préfet répondit : « *Merci, je le sais, mais j'ai ordre de le dire.* » Une pareille manière de faire se passe de commentaire, mais elle montre comment à Tours on entendait, dès le début, conduire et l'armée et le pays.

Le 18 octobre, le général Pourcet nous faisait lire son ordre de prise de commandement. — (Voir *pièce justificative n° 5.*)

Nous faisions donc partie du 16e corps. C'était la continuation de l'organisation en province. Le général Pourcet devait avoir trois divisions sous ses ordres; on parlait pour les commander des généraux Chanzy et

Barry, nommés divisionnaires depuis quelques jours.

Le colonel Villemot était chef d'état-major général. Le général de brigade Deplanque étant arrivé prit provisoirement le commandement de la 1re division dite division mixte, parce qu'elle devait plus tard fournir les éléments de la 3e. Le 37e régiment de marche formait brigade avec nous. Les régiments de la Mayenne, de la Dordogne, de la Charente-Inférieure devaient également être embrigadés. Enfin, dès que les bataillons de Loir-et-Cher furent armés de *remingtons*, ils formèrent le 75e mobiles avec l'adjonction d'un bataillon de Maine-et-Loire commandé par M. de la Vingtrie. La 1re division se trouvait ainsi composée : général Chanzy, commandant ; capitaine de Lambilly, chef d'état-major ; capitaine Marois, aide-de-camp.

1re *brigade*, général Deplanque.

37e de marche, commandant Chevallier, plus tard, colonel Mallat, 33e mobiles, lieutenant-colonel de La Touanne.

2e *brigade*, général Bourdillon.

39e de marche, lieutenant-colonel Bazelis, puis lieutenant-colonel Pereira. 75e de mobiles, lieutenant-colonel de Montlaur.

3e bataillon de chasseurs à pied de marche.

Le 37e, dirigé immédiatement sur Oucques avec les chasseurs à pied et un régiment de lanciers, était sous le commandement direct du général Deplanque.

Nous restâmes ainsi jusqu'au 25 à nous reposer et à nous mettre en état. Tous les jours il y avait exercice ou école de bataillon. Etant à la caserne neuve, nous étions les mieux partagés, et notre tenue s'en ressentait. Aussi le régiment était-il fort apprécié à Blois et il en fut fait de grands éloges aux officiers supérieurs; mais le moment était venu où nous allions prendre définitivement la vie active, vie que nous devions mener sans repos ni trève jusqu'au jour du licenciement.

Le 25, au rapport du commandant en chef, le lieutenant-colonel recevait l'ordre de partir pour Oucques et de se mettre à la disposition du général Deplanque. A midi nous partions et allions faire la grande-halte à Pontijoux. Le capitaine de Luynes qui avait été prendre les ordres du général, devait nous y rejoindre. Le temps était maussade et brumeux. Ce petit hameau n'offrait que peu de ressources. Le capitaine de Luynes revint avec les ordres. Le général n'ayant nullement été prévenu de notre arrivée, nous allons camper à Poutijoux et demain nous aurons notre direction. — Il est cinq heures du soir, le jour est tombé, nous nous réunissons, les clairons sonnent et chaque bataillon va prendre son campement tâchant de se caser le mieux possible. Les tentes sont dressées, les ordinaires constitués. Nous avons trouvé quelques pommes de terre pour faire la soupe. Il est dix heures ; nous allons nous endormir, quand un clairon se fait entendre. Qu'est-ce ? Mais c'est la diane suivie de la marche du régiment. Que veut dire cela ? Chacun s'interroge, et cependant, tous les clairons se mettant à sonner, il nous faut bien voir que ce n'est pas là une aimable plaisanterie de quelque disciple de Bacchus. Bientôt circule l'ordre : lever le camp immédiatement et partir pour Marchenoir ; un bataillon doit être aux avant-postes à cinq heures du matin.

Que s'est-il donc passé ? Tout le monde l'ignore, lorsque à quelque distance de Marchenoir nous rencontrons des voitures de blessés et nous avons la clef de l'énigme.

Le commandant Lienard avait une compagnie de francs-tireurs à Saint-Laurent-des-Bois. Quelques-uns d'entre eux s'étaient portés à Binas avec une compagnie d'infanterie. Apprenant que l'ennemi arrivait en nombre, l'officier d'infanterie se replia sur Autainville en prévenant les francs-tireurs du danger. Ceux-ci s'étant laissé attarder furent surpris par les Prussiens qui en firent un massacre affreux. Sur 37 hommes il en échappa trois seulement; mais ils avaient chèrement vendu leur vie et avaient démonté ou tué, disaient les survivants, 220 cavaliers. Cette affaire était-elle le prélude d'une attaque sérieuse? On pouvait le croire, aussi le général Deplanque voulut-il faire renforcer immédiatement ses avant-postes. C'était le 2e bataillon qui devait aller occuper Lorges, Roche, Saint-Laurent.

Arrivés à 2 heures du matin, tandis que les gardes de la forêt, désignés pour servir de guides s'apprêtaient, il nous fallut rester l'arme au pied et ce fut le moment le plus pénible. Il commençait à pleuvoir, nous étions très-fatigués; beaucoup d'hommes cédèrent au sommeil et tombèrent malades. A l'heure indiquée le bataillon était arrivé, mais harassé. Les deux autres s'étaient cantonnés vaille que vaille à Saint-Léonard et à Marchenoir où ils avaient retrouvé leurs amis de Loir-et-Cher.

Pendant deux jours nous restons tranquilles, puis le 28, à une heure, nous partons avec tout le corps d'armée et nous allons camper entre Seris et Concriers. Nous occupons l'extrême droite, devant se relier au 15e corps. Notre bivouac est établi avec soin, la plus grande vigilance est recommandée aux grand'gardes. Allons-nous attaquer demain ? Chacun donne un coup d'œil à son chassepot devenu le meilleur ami, et on sent la main démanger, car on ne sera pas fâché de voir enfin les Prussiens d'un peu près ; et puis, pour tout dire, le mouvement qui vient de s'opérer a paru fait d'une manière si calme, si sûre, l'armée s'est réunie si promptement, avec tant d'aplomb, que tous nous avons confiance.

Le 37e est à notre gauche et nous faisons connaissance avec ce brave et excellent régiment que nous ne devions plus quitter. Le matin nous apprenons que nous faisons séjour et on nous lit un ordre qui nous fait passer provisoirement au 15e corps. Pourquoi ce changement ? personne ne se l'explique. — (Voir *pièce justificative n° 6.*)

Dans la journée nous avons la visite de notre général de division, le général Chanzy, qui prend le commandement. C'est le véritable type du général commandant. Beau cavalier, l'air affable, poli avec tous, il est vraiment séduisant.

Sa visite a fait grand plaisir. Du premier coup d'œil il s'est acquis les sympathies de tous. Il ne convient pas à notre cadre de discuter M. le général Chanzy, mais nous ne pouvons laisser passer inaperçue son arrivée.

Le général d'Aurelles étant forcé de quitter le commandement, le général Chanzy était certainement le plus digne et le plus capable. Travailleur, d'une grande courtoisie, toujours sur ses cartes, d'un abord facile, ne voulant pas se mêler de politique et ne s'en mêlant pas, M. le général Chanzy a eu la douleur de ne pouvoir repousser l'ennemi. Mais il prit le commandement dans un moment où l'on pouvait croire tout perdu; il eut alors l'habileté de faire sa retraite en infligeant à l'ennemi des pertes énormes, et, si plus tard la fortune le trahit, là encore il put un instant se croire vainqueur.

Quel que soit le jugement que portera sur lui l'histoire, pour nous, nous ne pouvons que nous féliciter et nous honorer d'avoir été sous son commandement.

Le lendemain, quel n'est pas notre étonnement lorsque nous apprenons que nous retournons à Marchenoir ! Ce mouvement est un mystère pour nous, et nous ne sommes pas contents. Nous avons l'air de reculer et cela ne nous va pas. Est-ce que Metz aurait succombé? se demande-t-on avec angoisse. Nous traversons Concriers, Villemusard, Briou ; nous voici dans la forêt ; nous prenons la route du Baron et lorsque nous coupons celle du Comte, nous trouvons le général Chanzy sur l'ados d'un fossé, sa carte sur ses genoux, dictant ses ordres à son aide de camp. Il est un peu inquiet, car on a entendu quelques coups de fusils. Le 3e bataillon est aux avant-postes, il va occuper Ecoman, le Jaunet, la Colombe; nous nous serrons la main et nous continuons sur Saint-Léonard que nous traversons pour nous engager dans les plaines situées derrière la forêt. Nous allons bivouaquer entre la ferme des Ormes et Saint-Mandé.

Le 37e est à notre gauche. La brigade Bourdillon à notre droite. C'est un triste campement, l'eau est fort loin ; pour le bois il faut aller le chercher à la forêt et le boucher s'est installé à Viévy. Les corvées vont donc avoir à marcher.

Le général Chanzy est appelé à Tours, il est remplacé par le général Deplanque. Le lieutenant-colonel se rend à Saint-Mandé pour prendre le commandement de la brigade. Que se passe-t-il donc ? Nous sommes sans nouvelles. Tout à coup nous apprenons à la fois la reddition de Metz, l'échec de la mission de M. Thiers et les événements du 31 octobre. Nous sommes douloureusement affligés et toutefois un autre sentiment se fait jour.

Nous allons donc nous battre. Eh bien! nous en sommes heureux, car nous n'aurions pas voulu rentrer au pays sans avoir brûlé une cartouche. Le temps se rafraîchit, il gèle à blanc, et même à glace, mais notre bivouac n'en souffre pas. On fait des gourbis et les cuisiniers se perfectionnent. Le 3 novembre le colonel Bazelis prend le commandement de la brigade. Le lieutenant-colonel revient, il n'en a pas l'air fâché. Nous avons eu une exécution militaire, un sous-officier de ligne a été passé par les armes pour un vol de nuit. Cette exécution sévère, mais si nécessaire pour rétablir la discipline et empêcher le maraudage, a produit une vive impression.

Le dimanche, l'aumônier fait dresser un autel sur le petit mamelon qui domine notre campement ; il va y avoir messe militaire.

Tout le monde s'y rend en armes. Le 37e est à droite de l'autel, le colonel Bazelis y vient avec son escorte, puis nous passe ensuite en revue et nous fait de grands éloges. Cette cérémonie nous a fait grand bien. Depuis quelques jours nous nous sommes repliés sur nous-mêmes ; le scepticisme n'est plus de mode, et puis d'ailleurs n'avons-nous pas tous des mères et des sœurs qui prient pour nous ? nous sommes heureux d'avoir pu nous unir à elles quelques instants.

Le soir même nous apprenons que le général Chanzy est nommé au commandement du 16e corps. On se demande la cause de la disgrâce du général Pourcet. C'est par lui que M. Gambetta commence ses hécatombes de généraux. On se raconte toutefois qu'un homme, un ingénieur qui plus tard devait faire sentir sa funeste influence près du général Bourbaki, n'a pas trouvé le général Pourcet à son gré et il a été relevé de son commandement sans autre forme de procès.

Cette manière cavalière d'agir indignait et les officiers supérieurs et la troupe. On ne se gênait pas pour dire que si M. Gambetta, suivant ses pompeuses proclamations, venait passer en revue l'armée de la Loire, il courait grand risque d'être fort mal reçu, et par le fait il n'est pas venu. Autre fait peu connu, mais parfaitement exact. Dans les premiers jours du mois de novembre il y eut un conseil de guerre à Marchenoir. Au moment de se retirer, un général de division attacha le grelot, qualifiant très-vertement les agissements de la délégation et demandant si on *serait longtemps d'humeur à supporter tous les écarts d'imagination d'un avocat.*

Le lièvre était levé. La scène fut des plus vives. Le général d'Aurelles eut grande peine à l'apaiser, et, quelques jours plus tard, il est probable qu'il s'en repentit. Comme on le voit, malgré bien des faits de nature à froisser leurs sentiments les plus intimes et les plus honorables, et à provoquer leur intervention active pour secouer un joug ridicule, tous, généraux, officiers et soldats, laissaient faire le jeune dictateur, car ils espéraient, en donnant ainsi au pays l'exemple du dévouement le plus absolu, raviver ses forces et concourir plus efficacement à sa défense.

Mais, revenons au 33e. Nous étions au 6 novembre, tout faisait présager une action prochaine. Les avant-postes couvrant la forêt de Marchenoir avaient été mis sous les ordres du général Abdelal. Le 3e bataillon avait presque tous les jours des reconnaissances à faire; il y avait même eu quelques alertes. On s'attendait à un engagement sérieux, lorsque le 7 à dix heures du matin, on entendit le canon vers notre droite, en avant de Saint-Laurent-des-Bois ; c'étaient le Loir-et-Cher et le 3e chasseurs à pied qui défendaient la position. L'affaire parut bientôt assez chaude ; la fusillade vint ajouter son crépitement à la voix du canon. Tout le monde était prêt à partir quand le colonel Bazelis en reçut l'ordre. Les deux bataillons devaient se rapprocher de Marchenoir. Arrivé à Saint-Léonard, le 1er se porta à Autainville pour y être à la disposition du général Abdelal. Il y arriva vers 3 heures du soir et prit position sur la hauteur qui commandait le hameau de l'Alleu. Au lieu de le renvoyer à ses cantonnements, le général Abdelal l'y fit bivouaquer. Il se trouvait, en effet, à ce moment presque sans infanterie, ayant envoyé le matin même un bataillon à Verdes où il espérait faire un coup de main sur la cavalerie ennemie. Les Bavarois, qui avaient attaqué l'entrée de la forêt, furent obligés de se replier devant l'énergique défense du 3e chasseurs à pied et des Loir-et-Cher, armés la veille de *remingtons*, et, si la cavalerie avait pu marcher, il est probable qu'on eût fait un grand nombre de prisonniers.

Le soir, le 2e bataillon prenait le bivouac du 39e de marche, près de Saint-Léonard. Le 3e bataillon rentrait dans ses cantonnements après avoir été toute la journée sous les armes. Dans la nuit arrivait l'ordre de marcher : tout le régiment devait être à 9 heures à la Colombe où le lieutenant-colonel Bazelis arrivait avec le 37e et l'artillerie et nous nous acheminions vers Ouzouer-le-Marché en passant par Binas.

Arrivés à Ouzouer-le-Marché, à 4 heures et demie du soir, notre bivouac fut établi à la droite de celui du 37e qui touchait lui-même au bourg. La journée avait été rude : marcher en colonne par division dans ces grandes plaines de Beauce fraîchement labourées avait paru dur aux mobiles, puis ce n'était plus l'aspect du pays : ces horizons à perte de vue, ce pays plat presque dénudé les étonnait. Toute la nuit il nous faut courir après les vivres. Enfin le jour paraît, la soupe est mangée, nous partons suivant l'ordre à 8 heures précises. Personne ne doute plus que nous allons nous battre aujourd'hui ou l'ennemi en se retirant va nous forcer à aller le chercher jusqu'à Orléans.

A quelques centaines de mètres d'Ouzouer, nous apercevons un état-major encore inconnu. Nous y voyons un officier de marine, c'est notre nouveau divisionnaire M. le contre-amiral Jauréguiberry, qui arrive pour nous diriger et prendre part à nos dangers. Saluons-le en passant. M. le contre-amiral Jauréguiberry est le type de l'officier de marine froid et austère ; son œil exprime la bonté alliée à une énergie inflexible ; sa voix est nette, et quand au feu il donne des ordres, elle a dans sa netteté même comme un timbre métallique, elle vibre et vous donne confiance. On voit, on sent en lui l'homme qui a l'habitude de lutter contre les éléments, qui par nécessité comme par le droit du commandement et du savoir est roi à son bord.

Tel nous le retrouvons à la tête d'une division d'infanterie ; d'une intrépidité inouïe, c'est toujours là où le feu est le plus fort qu'il faut aller le chercher. Suivant l'expression des troupiers, dans ces grandes plaines de Beauce, il navigue sur son petit cheval comme devant la tempête il marche sur son banc de quart. Par sa bravoure comme par son austère bonté M. le contre-amiral Jauréguiberry s'est fait aimer de tous ceux qu'il commandait, comme il s'est fait un grand nom devant le pays par ses rares qualités qu'il a montrées pendant la campagne.

Bientôt nous voyons Charsonville, et le village est dépassé tranquillement. Le petit mamelon de Baccon est à notre droite, nos tirailleurs se rejoignent à ceux de la division Barry, lorsqu'un premier coup de canon se fait entendre. Il est neuf heures, le combat est engagé, nos batteries répondent et le lieutenant-colonel qui a des raisons trop particulières de connaître le pays voit de suite qu'elles sont sur les hauteurs de Gléneau. C'est le château de la Renardière et non celui de la Touanne qu'il va falloir enlever. Notre objectif étant Epieds, Champs et Gémigny, nous obliquons alors à gauche et nous traversons la route d'Orléans au Mans. Nous apercevons bientôt le petit bois placé à droite de Coulmiers et à côté de la ferme de Crottes, et derrière sur la route même de longues files ennemies. C'est de l'artillerie; mais marche-t-elle à nous ou se retire-t-elle? Il y a hésitation. Le capitaine de Lambilly arrive au galop disant au lieutenant-colonel de se garder soigneusement de ce côté; s'ils veulent nous attaquer, dit-il en repartant, nous allons le savoir avant dix minutes ! En effet il n'était pas à cent mètres que le premier obus tombait dans les rangs du 1er bataillon. Il était dix heures.

Le régiment se trouvait alors à la droite du 37e, dans la plaine qui s'étend entre le hameau de Cheminiers et la ferme de Crottes. Il resta là pendant de longues heures exposé au feu de toutes les batteries de Coulmiers qui n'étaient pas encore inquiétées par la 2e division. Nos batteries étaient sur les hauteurs auprès de Cheminiers. Craignant de voir tourner sa droite, l'ennemi s'étendit de ce côté et la cavalerie tenta même une charge qui fut arrêtée net par les mitrailleuses. Nous voyions avec plaisir nos pièces s'avancer vers Champs ; mais la position était atroce, nous étions couverts de mitraille. Le lieutenant-colonel envoya le capitaine de Luynes au général Deplanque pour rendre compte de la situation. Il revint avec l'ordre de traverser le chemin d'Epieds et de nous reformer derrière le hameau de Cheminiers. Ce mouvement se fit aussitôt avec un calme d'autant plus remarquable que le feu ennemi redoublait d'intensité.

C'est alors que M. de Lamandé fut tué et M. de Chevreuse blessé. Le 1er bataillon dut aussitôt, avec quatre compagnies du 2e bataillon, occuper Cheminiers, le créneler et le défendre à tout prix ; les autres compagnies du 2e bataillon étaient ralliées en arrière par le lieutenant-colonel et le commandant de Montesson. Le 3e bataillon fut envoyé presque immédiatement en tirailleurs en avant et sur la droite. Ce fut le moment le plus chaud de la journée. On était très-inquiet. Le génie commençait en arrière un formidable épaulement de défense. En un instant, dix officiers étaient blessés ou contusionnés. Le sous-lieutenant Robin restait seul de sa compagnie, et, à la sienne, le capitaine de Sabran voyait tomber son lieutenant et son sous-lieutenant. Malgré tout, on se maintenait ; les compagnies restant du 2e bataillon étaient envoyées en tirailleurs sur la gauche et soutenaient ainsi le 3e.

Cependant, Cheminiers brûlait, ses toits s'effondraient, les hommes ne pouvaient plus s'y maintenir. Le 1er bataillon dut le quitter. Plusieurs de ses compagnies n'ayant plus de cartouches allèrent au pas de course en chercher à Epieds. Les autres se formèrent avec le 2e bataillon. La brigade Bourdillon était arrivée ; à notre gauche était le 75e mobiles.

Là encore nous eûmes une poignante anxiété. M. l'amiral venait de nous annoncer le succès du 15e corps et nous encourageait, lorsqu'une batterie qui avait été chercher des munitions se plaça derrière nous et voulut tirer sur Champs. Mais son tir, mal réglé d'abord, fit que quelques obus vinrent tomber à 100 mètres de notre front; de là, moment d'inquiétude. Sommes nous tournés ? Le calme de M. l'amiral ne se dément pas, il affirme que c'est une batterie française et soutient tout le monde par son exemple. Bientôt ce feu si inquiétant se règle et M. l'amiral s'élance en avant avec le 2e bataillon, il court sur Champs qu'il enlève. — La journée était gagnée.

L'exaltation du combat est tombée, nous n'en avons plus que les douleurs et les horreurs. On se compte, on se retrouve avec bonheur, et c'est avec une grande joie que nous voyons le capitaine Couturié revenir avec sa section. — En tirailleurs dès le matin, il s'était trouvé séparé du régiment lorsque celui-ci avait traversé la route du

Mans. Il avait continué sans s'en inquiéter et, de moitié avec les fantassins du 37e, il avait enlevé la ferme de l'Ormeteau et fait treize prisonniers. Notre bivouac est établi sur les lignes que nous avons si chèrement achetées; chacun tâche de trouver quelque nourriture tout en se gardant avec soin, car on craint l'arrivée d'un corps ennemi venant de Châteaudun. Les cartouches sont distribuées. Les détachements égarés sonnent chacun la marche de leur régiment. On se case, on se renseigne auprès les uns des autres. On arrache à ce pauvre malheureux hameau de Cheminiers ce qu'il renferme encore de paille et de bois. Les aumôniers qui n'ont cessé d'être à nos côtés pendant le combat parcourent le champ de bataille, relevant les blessés, secourant les mourants, réunissant les morts pour leur faire rendre les derniers devoirs; — et c'est alors dans le silence de la nuit que nous pouvons apprécier nos pertes. A neuf heures circule une mauvaise nouvelle : le commandant de Montesson aurait la jambe cassée. Ce n'était malheureusement que trop vrai, et son bataillon, qui avait pu apprécier sa bravoure, eut le chagrin d'en être séparé pour le reste de la campagne.

Nos pertes étaient cruelles ; à lui seul le régiment avait perdu presque autant qu'une division voisine. 44 hommes avaient été tués, 220 blessés.

Parmi les officiers, un, M. de Lamandé, avait été tué. A peine âgé de 22 ans, plein d'entrain et de bravoure, merveilleusement doué, d'une éducation soignée, Alphonse de Lamandé était adoré par ses hommes, estimé et recherché par tous. Plein de foi dans l'avenir de notre cher pays, il était parti courageusement, gaiement presque, et, pourtant, il laissait derrière lui des parents qui l'adoraient et pour lesquels une fin si glorieuse ne pourra adoucir la douleur de la cruelle séparation. Le 10 novembre, au petit jour, il était pieusement enterré, et son capitaine envoyait à sa malheureuse famille un croquis exact de l'endroit, ce qui lui permit de faire reprendre ses chères dépouilles.

Dix officiers étaient blessés : le commandant de Montesson avait eu la jambe cassée; le capitaine de Juigné, le sous-lieutenant Boulart avaient eu, l'un le bras, l'autre l'épaule traversés par un coup de feu; les sabres de MM. de Battines et Rousseau avaient été brisés dans leurs mains par des balles; M. Robert était atteint à la jambe par un éclat d'obus ; MM. Deneau, Poché, de Bastard étaient plus ou moins contusionnés; M. de Chevreuse, blessé grièvement au pied par un éclat d'obus, était resté sur le champ de bataille, et M. de Luynes avait dû mettre le revolver à la main pour le faire enlever par un cacolet.

Parmi les sous-officiers : les sergents-majors Marçais et Bourgoing avaient été atteints mortellement et avec eux le sergent David. Sa mort nous impressionna d'autant plus que son frère était venu la veille nous serrer la main et vivre quelques instants de notre vie ; nous voyant partir pour combattre, il n'avait pas hésité à nous suivre, avait pris le premier fusil venu et s'était battu toute la journée avec nous ; c'est alors qu'il pouvait croire tout fini que son frère tombait. Le soir, il avait la triste consolation de ramener ses restes mortels au Mans. Que les desseins de la Providence sont donc impénétrables !

Le régiment de la Sarthe avait brillamment débuté. L'entrain, la bravoure des officiers leur avait valu de la part du général commandant la qualification de *corps d'officiers exceptionnel*. Le 33e avait soutenu un feu épouvantable pendant plusieurs heures;

retranché ensuite dans un village, il l'avait vigoureusement défendu. Les compagnies qui n'avaient pas pris part à cette défense étaient venues se reformer sous les yeux de M. l'amiral qui les avait entraînées au pas de course sur un autre point. Le régiment avait du reste été admirablement soutenu par l'exemple du 37e de marche qui, placé à côté de lui, avait fait preuve de la plus grande bravoure. Quelques jours après le 33e avait le plus grand honneur que puisse recevoir un régiment : *il était mis à l'ordre du jour de l'armée*. — (Voir *pièce justificative n° 7*.)

La nuit avait été maussade et pluvieuse. Dès six heures tout le monde était debout. Va-t-il falloir se battre encore? on est sans nouvelles. Le général Deplanque, qui a couché dans une tente de troupe, derrière le 3e bataillon, se chauffe autour d'un reste de feu tout en attendant des ordres et des instructions. A huit heures, il nous faut partir; aller d'abord à Champs où nous rejoindra le 2e bataillon, commandé maintenant par le plus ancien capitaine, M. Chartier. En levant le camp nous devons laisser le capitaine Popin qui, pris de rhumatismes atroces, ne peut plus remuer.

Nous avançons ainsi jusqu'à Saint-Sigismond, toujours en garde contre l'ennemi. En y arrivant, le capitaine de Lambilly nous apprend que nous n'avons plus rien à craindre ; Saint-Sigismond et Saint-Péravy sont évacués ; nous devons camper à Boulay. Il nous annonce aussi l'heureuse prise d'un convoi prussien, et nous le voyons défiler. Malgré un temps glacial, une vraie bourrasque de neige, les deux heures ainsi passées sont un véritable plaisir pour les hommes : ils voient des Prussiens prisonniers, ils apprennent qu'Orléans est délivré, ils se sentent donc bien réellement vainqueurs.

Nous n'arrivons qu'à la nuit noire à Boulay. Le 2e bataillon va à Bricy, le 1er et le 3e campent en avant de Boulay. Triste bivouac, glacial, sur une terre détrempée ; pas de ressources dans le village, tout a été réquisitionné par l'ennemi. Nous croyons n'en avoir que pour quelques jours, car aucun de nous ne peut penser à un repos prolongé. Cependant les jours s'écoulent ; les exercices recommencent comme en garnison. Le 17, nous partons, mais pour aller à Saint-Sigismond ; le 1er bataillon est détaché à Champs où il peut se cantonner ; les deux autres placés en avant de Saint-Sigismond, doivent y camper. Le bivouac n'est pas meilleur qu'à

Boulay, un peu moins de vent, mais autant de boue, puis disette de paille.

Tous nous désirons aller en avant, notre inaction nous pèse; on s'étonne, on s'impatiente. Qu'est-ce que cela signifie? Pourquoi n'avons-nous pas poursuivi cette armée en déroute? Pourquoi lui donner le temps de se reconstituer et de faire sa jonction soit avec celle du duc de Mecklembourg, soit avec celle du prince Frédéric-Charles? Nous savons que Le Mans est menacé, et qu'il n'y a personne pour le couvrir, que le 17e corps est à peine organisé. Nous apercevons par ces beaux froids de novembre la flèche de Châteaudun, et nous voudrions y aller. Mais non, rien, et pourtant nous apprenons que le 17e corps est réellement en route pour nous rejoindre.

Le général de Sonis a eu un engagement heureux à Brou; cependant il a cru devoir se replier jusqu'à Ecoman.

A partir du 25, nous entendons presque tous les jours le canon vers Varize et nous devons passer notre temps sous les armes.

Le 30 novembre, nous voyons distinctement un engagement à peu de distance, entre Nids et Tournoisis. Nous courons aux faisceaux; il est neuf heures. Est-ce le prélude d'un engagement sérieux? mais non, le feu s'éteint de part et d'autre. L'ennemi est venu faire une reconnaissance jusqu'au pont de la Conie et s'est retiré.

Le 17e corps est arrivé à Coulmiers, Epieds, le 16e corps est complétement reformé. Nous sommes devenus 2e brigade et la brigade Bourdillon a pris le n° 1. Une 3e division a été formée, elle est sous les ordres du général Morandy. Tous les hommes ont leurs vivres de campagne. Ce temps d'arrêt a été mis à profit pour l'habillement. Tous, nous avons des capotes d'infanterie, de nouveaux pantalons ont été délivrés ; c'est le moment où jamais.

Le 30, arrive une longue lettre de M. le Préfet de la Sarthe félicitant les mobiles de leur brillante conduite. — Après en avoir obtenu l'autorisation, le lieutenant-colonel la fait dicter aux fourriers, mais les événements qui survinrent firent que quelques compagnies seulement en eurent immédiatement connaissance. — (Voir *annexe n° 1.*)

Enfin, le 1er décembre, nous avons ordre de partir à dix heures du matin. L'objectif de la journée est la prise de Terminiers, et c'est la 1re brigade qui va aujourd'hui être au premier rang. Nous avançons en bon ordre jusqu'à Patay. Le commandant de Lambilly nous montre Guillonville ; il faut l'enlever en nous gardant sévèrement sur notre gauche, car les Prussiens fourmillent dans tous les hameaux. L'action est engagée très-chaudement à notre droite; c'est une canonnade très-violente, mais nous ne nous ralentissons pas. L'amiral fait demander le 2e bataillon pour soutenir la batterie de 12. Le général Deplanque détache le 1er bataillon en entier sur notre gauche pour fouiller les bois et les hameaux et s'assurer de ce côté des intentions de l'ennemi. — Le 3e bataillon reste seul; il dépasse le village de Guillonville. La fusillade est très-vive à notre droite. Mais il est 4 heures; nous croyons que l'affaire va finir sans nous, quand le général Deplanque nous fait dire d'avancer au pas gymnastique pour soutenir la batterie. A peine arrivées, deux compagnies sont lancées en tirailleurs pour soutenir le 37e, et alors commence un feu inouï qui dure jusqu'à la nuit; les canons et les mitrailleuses tiraient par dessus nos têtes. En une heure, nous brûlions 8,000 cartouches. Ce feu violent, quoique probablement assez inoffensif, vu l'heure avancée, protégea notre gauche et empêcha toute tentative sur l'artillerie.

Puis, tout rentre dans le silence. L'horizon est éclairé par les incendies des fermes sacrifiées aux terribles nécessités de la guerre Le général Deplanque nous fait replier sur Guillonville ; à peine établis, il faut plier les tentes et aller à Noneville où est l'amiral. Nous repartons et, arrivés à près de neuf heures, nous y retrouvons le 1er bataillon ; quant au 2e bataillon, il n'a pas quitté M. l'amiral, il a enlevé avec lui Faverolles et le château de Villepion ; il campe à quelque distance de nous. — Alors se passe un fait incroyable.

Nous étions au 1er décembre ; la série des mots d'ordres étant donnée en général pour 7 ou 8 jours était finie ; on n'avait pas communiqué la nouvelle. Le 3e bataillon était parti pour bivouaquer, lorsque l'adjudant-major vint prévenir le lieutenant-colonel qu'une sentinelle perdue du 39e se refusait à le laisser passer avec ses hommes. Il va de suite parlementer ; impossible de lui faire entendre raison. L'homme demandait avec obstination le mot de ralliement. Enfin, à force de raisonnements, il finit par céder. Le lieutenant-colonel va alors à lui et lui dit : Eh bien ! donnez-moi le mot que je le transmette au général qui l'ignore. L'homme répond tranquillement : Mais je ne l'ai pas plus que vous. Et c'était le 1er décembre, à 2 kilomètres de l'ennemi ! C'était au moins un singulier oubli.

A Noneville, nous retrouvions aussi le 37e. C'était ce brave régiment qui avait enlevé le village au prix de 400 hommes. Le colonel Mallat était blessé. La journée avait été rude, comme on le voit, mais les honneurs de la guerre étaient encore pour nous, car toute la division était mise *à l'ordre du jour de l'armée.* — (Voir *pièce justificative n° 8.*)

Le ciel était sans nuage, il faisait un clair de lune superbe, un froid atroce commençait à sévir. Les grand'gardes durent ne pas faire de feu et rester debout sans camper. Ce fut une dure nuit. A Orgères, à Loigny, l'ennemi avait allumé des feux si intenses qu'on se demandait s'ils ne cachaient pas une retraite. Les routes, devenues sonores, ne dissimulaient plus le roulement continuel de l'artillerie. Ou l'ennemi se retirait, ou il se préparait à une chaude journée que favoriserait singulièrement la température. Ses canons circuleraient sans difficulté et ses obus ne se perdraient plus comme dans la terre détrempée de Coulmiers.

A quatre heures du matin, le général faisait annoncer la sortie de Ducrot, arrivé, disait-on, à Longjumeau. Un si beau succès nous laisse presque incrédules ; et pourtant avec quelle joie eût été accueillie cette nouvelle si tous nous n'avions pas eu tant de raisons de nous méfier des proclamations de la délégation. Cependant, elle explique en même temps notre marche : nous allons tendre la main à Ducrot, et le commandant de Lambilly nous dit qu'il nous faut aller coucher à Janville.

Aujourd'hui, en voyant le général Trochu dire que l'armée devait être à Fontainebleau le six décembre, nous ne comprenons plus bien les raisons qui ont ainsi fait engager l'armée. — Le 1er décembre, le 16e corps quittait Saint-Sigismond et Saint-Péravy, laissant le 17e corps à Champs et Epieds. Quant au 15e corps il s'étendait des environs d'Arthenay à Beaune-la-Rolande, ligne beaucoup trop longue. Il est certain que si le 2 décembre au soir, le 17e corps n'était venu à notre secours (16e corps), nous éprouvions un échec grave qui aurait avec nous compromis, et ce même corps, placé derrière nous, et le 15e qui serait ainsi resté seul entre l'armée du duc de Mecklembourg et celle du prince Frédéric-Charles. Mais pourquoi le 17e corps n'avait-il pas suivi dès le 1er décembre notre mouvement en avant, ce qui lui eût permis d'entrer en ligne le 2 dès le matin, soit sur notre droite, soit sur notre gauche? Nous ne pouvons nous expliquer ce retard (1).

Quoi qu'il en soit, le jour paraissait, le soleil, si brillant, allait-il être pour nous le soleil d'un nouvel Austerlitz? Tous, nous nous préparons au combat avec calme; chacun est ému, car il sait que c'est une grande lutte qui va s'engager et que son issue heureuse peut avoir les conséquences les plus graves pour le sort de la patrie.

L'ennemi ne s'est pas retiré; dès huit heures, nous voyons paraître des reconnaissances considérables de cavalerie. Le signal du départ est donné. De Noneville à Villepion, il y a quelques centaines de mètres. — Le vieux château avec ses tourelles, ses fossés, avec son vaste parc tout entouré de murs crénelés va être le point principal de notre défense. Le 2e bataillon nous a rejoints.

(1) La lecture du livre de M. de Freycinet démontre que tout ce décousu provient des plans imposés par M. Gambetta.

Le 3e bataillon est en avant; les deux autres, en échiquier, en arrière.

Tout paraît bien s'annoncer. Il est neuf heures quand le premier coup de canon se fait entendre. Nous passons les petits bois placés à droite et à gauche de Villepion et nous apercevons Loigny. C'est ce village que va enlever la 1re brigade. Orgères est à notre gauche. La canonnade est très-violente; la fusillade s'en mêle. On sent une résistance opiniâtre. La cavalerie tente de tourner notre gauche en quittant la route d'Artenay à Voves; elle vient passer devant nos mitrailleuses qui l'arrêtent net, en lui tuant un monde énorme.

Cependant, on avance toujours. Le village va être enlevé, lorsque les Prussiens tentent un dernier effort. Les batteries du château de Boury se démasquent et l'ennemi s'avance en colonnes serrées. Il faut reculer. Les chasseurs à pied ont perdu 600 hommes sur 800. Le 39e de marche n'existe pour ainsi dire plus. Le 37e voit disparaître deux de ses chefs de bataillon : M. Varlet tué, M. de Fouchier blessé grièvement. Le 75e mobiles a son colonel, M. de Montlaur, blessé avec ses commandants De Terras et Clausel; le commandant de la Vingtrie fait former le carré et rallie tout son monde. La plaine, si nue tout à l'heure, est couverte par une fourmilière d'hommes blessés ou cherchant à rejoindre leur corps là où il se reforme. — Il est midi.

M. l'amiral venait d'ordonner au lieutenant-colonel de partir avec tout son régiment pour aller enlever d s batteries placées très en arrière de Loigny, à Villeprévot; le 3e bataillon avait même déjà commencé le mouvement qu'il dut arrêter en présence de ce revirement de la fortune. Le régiment soutint alors seul le feu ennemi, restant ferme et inébranlable; des blessés, des fuyards même traversaient ses rangs, peu lui importait, il sentait qu'il fallait tenir, il tenait. Les hommes furent vraiment admirables. Nous avons vu un jeune fourrier arrêter un capitaine d'infanterie et lui dire :

— Mais, mon capitaine, vous vous trompez, c'est par là qu'il faut aller.

Grâce à notre résistance, les batteries ne furent pas inquiétées et purent se ravitailler. Nous mîmes deux heures à nous replier sur le parc de Villepion. Chaque pas en avant avait coûté cruellement cher à l'ennemi.

A deux heures, nous étions revenus mornes et tristes, mais non désespérés, à notre point de départ du matin. Le 3e bataillon, qui avait brûlé toutes ses cartouches, allait en reprendre au château. A ce moment, l'espérance, que nous ne pouvions abandonner, nous revint avec plus de force. Le commandant de Lambilly annonce l'arrivée du 17e corps avec 60,000 hommes et 120 pièces de canon, et, quelques instants après, nous voyons arriver le général de Sonis avec son escorte de spahis. — Alors commença sur notre droite la plus épouvantable canonnade qu'il soit possible d'entendre. Les canons de tous les calibres, les mitrailleuses tirent à la fois. La terre tremble. Des officiers échappés au désastre de Sedan nous ont dit n'avoir rien entendu de pareil pendant ces fatales journées. — C'est que le sort du 16e corps se décidait; la 2e division était anéantie, la 1re avait horriblement souffert. Ce secours la sauvait d'un désastre. M. de Charette accourait avec ses héroïques zouaves, et en les lançant à la baïonnette, il leur disait simplement ces mots qui nous honorent à tout jamais : Ne craignez rien sur votre gauche, car là sont les mobiles de la Sarthe.

Les Prussiens étaient tenus en échec, mais, à notre gauche, ils tentaient de nous tourner. L'amiral, qui avait ordonné au 33e de tenir à tout prix dans le parc de Villepion, faisait dire au lieutenant-colonel de reprendre le bois situé à gauche. Le 2e bataillon sortit et l'occupa sans coup férir. A ce moment arrivèrent des chasseurs à pied et des fantassins qui se chargèrent de le garder. Le lieutenant-colonel revenait donc prendre ses positions lorsqu'on se mit à crier : voici la cavalerie. Il commanda immédiatement de former le carré. Le mouvement s'exécutant mal, il put s'apercevoir que ce n'était qu'une alerte. Il fit alors continuer la marche vers le parc, laissant tous les cent mètres une forte ligne de tirailleurs qui maintinrent l'ennemi. C'est en rentrant dans le parc, à 4 heures 1/2, qu'il fut atteint d'un coup de feu à l'épaule.

Le commandant de Lentilhac prit immédiatement le commandement du régiment. Le seul renseignement qu'avait pu lui donner le colonel, et encore vaguement, était que Terminiers devait être le point de ralliement.

La nuit était tombée, l'ennemi nous suivait, nous étions presque seuls. Le 3e bataillon arrivait après avoir eu les plus rudes tentatives à repousser. Il avait dû se former en carré. Le commandant de Musset avait eu son cheval tué, et le capitaine Duboys-d'Angers était resté avec sa compagnie à soutenir la batterie de montagne jusqu'à sa dernière gargousse. Quant au 2e bataillon, le capitaine Chartier, interprétant mal l'ordre du commandant de Lentilhac, resta dans le château et dans le parc. Là, le capitaine Couturié plaçait aux créneaux tous les hommes qu'il trouvait, mobiles, lignards, chasseurs à pied, cela lui était indifférent. Entendant et voyant l'ennemi arriver en poussant des hourrahs, il fit faire une décharge générale qui eut les résultats les plus heureux. Croyant le parc fortement occupé, l'ennemi n'osa rien tenter, et lorsque l'amiral fit donner l'ordre au bataillon à onze heures, de rallier Terminiers, il put le faire sans être inquiété. Les deux autres étaient rentrés avec tant de calme et en si bon ordre que l'amiral les en félicita publiquement.

Telle fut pour nous la bataille de Loigny. Vainqueurs jusqu'à midi, nous n'avions cédé le terrain que pied à pied, et, le soir, un bataillon restait jusqu'à minuit dans ses positions de la veille. Pendant cette rude journée, le régiment avait donc maintenu sa réputation. Seul, il avait soutenu un effort violent de l'ennemi et n'avait eu ni un instant d'hésitation, ni un instant de faiblesse. Pas une compagnie n'avait été entamée. Elles avaient marché comme à la manœuvre. — (Voir *pièce justificative n° 9*). — Mais nous avions payé cher notre résistance; les deux journées du 1er et du 2 décembre nous avaient coûté au moins 300 hommes tués où blessés. — Nous ne pouvons donner un chiffre exact pour chaque affaire du 1er au 20 décembre; mais le 30 novembre, le régiment avait 2,650 hommes à l'effectif; le 20, il en restait 1,700 seulement! Cette évaluation de nos pertes, pour le 1er et le 2, nous paraît même être plutôt en dessous de la vérité qu'en dessus.

Parmi les officiers, quatre avaient été atteints : le lieutenant-colonel, par un coup de feu à l'épaule droite, presqu'à la fin de la journée;

Les lieutenants Poché et Mallet avaient été assez gravement contusionnés.

Mais hélas, le capitaine de Luynes avait été tué par un obus dès midi. Ce fut un deuil pour le régiment, où ces quelques jours l'avaient fait apprécier et aimer de tous. N'ayant pu organiser une défense dans Seine-et-Oise, il était accouru au Mans pour prendre sa part de danger. Marié depuis trois ans, père de famille, il eût pu, comme tant d'autres, rester chez lui. Mais non, le pays avait besoin de tous ses enfants, les nobles exemples qu'il avait de ses ancêtres, son caractère élevé, tout lui ordonnait de s'arracher à un foyer adoré, il accourait et avec lui, son beau-frère, M. de Sabran, son frère, Paul de Chevreuse, âgé de dix-huit ans. Les cadres étaient au complet. Il demandait alors à être sous-officier, caporal, peu lui importait; mais il voulait être là où le devoir lui semblait être.

Nommé d'abord pour commander un peloton d'éclaireurs à cheval, le général Pourcet le faisait passer adjudant-major au 1er bataillon.

A Coulmiers, il avait fait preuve de l'intrépidité la plus rare, portant partout des ordres, toujours au feu le plus violent. Là, il avait eu à la fois la douleur et la consolation de relever son frère grièvement blessé et de le faire diriger sur une ambulance. Depuis, chaque jour passé au milieu de nous lui faisait de nouveaux amis. Placé auprès de son bataillon, il causait avec le commandant de Lentilhac lorsque la mort vint le surprendre et le ravir aux êtres si chers qui priaient pour lui. Pauvre de Luynes! si un adoucissement pouvait être apporté à une douleur immense, ce seraient les regrets unanimes causés parmi nous par une fin si cruelle.

Madame la duchesse de Chevreuse eut la triste consolation de retrouver la dépouille mortelle qu'avaient déjà fait exhumer de pieuses mains. Elle la conduisit à Dampierre, et là, lorsque les Prussiens inquiets de cette affluence, voyant tout le pays se porter au château, questionnèrent et qu'ils apprirent, ils se turent et se retirèrent devant cette grande douleur si noblement supportée.

Le 3, au matin, n'ayant pu avancer, il nous fallait donc reprendre nos positions et c'est ce que tentait de faire le général d'Aurelle. Un rideau de cavalerie dissimula habilement le mouvement, et bientôt les troupes, si cruellement éprouvées la veille, se déployaient et faisaient un changement de front complet avec le plus grand calme. Le régiment vint se placer à Saint-Péravy. Les 1er et 3e bataillons furent à peu près cantonnés; quant au 2e, il fut presque en entier en grand'garde. Le lendemain, nous devions nous établir vers Saint-Sigismond, mais de graves événements s'étaient passés. Le 15e corps avait subi un échec considérable; il était arrivé le 4 au matin à Orléans et avait commencé à passer la Loire. L'ennemi avait habilement profité du brisement de notre ligne, il s'était jeté sur notre droite et avait enlevé les villages de Boulay et de Bricy. Dès lors, notre position devant Orléans devenait intenable, il fallait se replier.

Gambetta était accouru à Orléans soi-disant pour le sauver. Arrêté à la Chapelle par l'ennemi, son voyage avait eu pour unique résultat de faire rester, dans la nuit du 4 au 5, des convois de blessés sur le pont de Montlouis, de 7 heures du soir à 4 heures du matin. Les blessés mouraient par ce froid intense; il y en avait qui, depuis le matin six heures, n'avaient rien pris. Mais peu importait, il fallait attendre pour laisser passer ce dictateur qui, dans sa folle suffisance, venait de casser le général d'Aurelle parce qu'il n'avait pas vaincu! Oui, le général qui, par son énergie, son intelligence, avait su coordonner tous ces corps épars, qui les avait menés à la victoire le 9 novembre, le 1er décembre, qui, le 2, avait su parer un désastre causé par son obéissance trop facile à des plans imposés; ce général, que tous commençaient à connaître, qui, maintenant, inspirait confiance au pays, était brutalement destitué et soumis à une enquête. N'était-ce pas à désespérer du salut du pays ? n'était-ce pas détruire tout, enlever prestige aux chefs, confiance aux troupes, accréditer ces stupides rumeurs qui faisaient crier à la trahison par les lâches qui se cachaient chez eux ? Il faut vraiment vivre par ces temps extraordinaires pour voir de pareilles choses auxquelles se refuse le bon sens humain.

Quoi qu'il en soit, le général Chanzy était appelé au commandement en chef d'une armée dite 2e armée de la Loire, composée des 16e, 17e et 21e corps.

Parmi ces corps, le 16e était réduit à deux divisions : la 1re et la 2e ; la 3e, qui était à peine formée, disparaissait dans l'affaire de Chambord.

Le 17e corps était sous le commandement du général Guepratte qui avait remplacé le général de Sonis.

Le 21e, commandé par M. Jaurès, comprenait trois divisions : la 1re, la division Rousseau ; la 2e, la division Collin ; la 3e, la division Guillon. Les officiers supérieurs étaient presque tous de l'armée auxiliaire, les troupes ne comptaient guère que des mobiles avec quelques rares bataillons d'infanterie ; l'artillerie était composée de batteries départementales. C'est ce corps à peine organisé qui, quelques jours auparavant, n'avait pas un cheval pour traîner ses canons; c'est ce corps qui vient nous apporter son précieux concours et couvrir notre aile gauche.

On remarquera par sa composition à quelle phase nous arrivons. Le 16e corps était formé de régiments de ligne et de mobiles s'appuyant les uns les autres; l'artillerie venait des régiments réguliers. — Ces ressources n'existent plus pour le 21e. C'est la garde mobile qui le compose presque en entier. Les fusiliers marins remplacent les chasseurs à pied. Et, enfin, ce sont les batteries départementales qui composent toute l'artillerie. Encore quelques jours, et il va falloir recourir aux mobilisés, jusqu'ici représentés *par un ou deux bataillons à peine.*

Mais revenons à Saint-Peravy. Le 4, au matin, pendant la distribution, nous prenions les armes pour soutenir les batteries, et le 1er bataillon, commandé maintenant par le capitaine du Rivau, se dirigeait sur Coinces et l'occupait. Le 2e était dans les fermes dominant Saint-Peravy, et le 3e dans le village. Nous restâmes ainsi quelque temps, voyant un vif combat s'engager sur notre droite. Le général Chanzy étant venu voir ce qui se passait, envoya les chasseurs à pied renforcer les défenseurs de Bricy et de Boulay. Mais, hélas! ces villages étaient enlevés, et bientôt Coinces se trouvait vivement menacé par une forte colonne, composée de deux régiments d'infanterie avec cavalerie et artillerie. Le commandant de Lentilhac rallia le 2e bataillon, puis alla chercher le 1er à Coinces, le ramena, et voyant les autres troupes accuser un mouvement de retraite du côté d'Ormes, il suivit cette direction (1).

Il y eut à ce moment incertitude générale et pénurie d'ordres. Se repliait-on sur Orléans? Cherchait-on à passer la Loire en tout autre point? Ou bien quelqu'autre plan allait-il surgir? C'est ce que tous se demandaient avec anxiété. Enfin nous nous rabattons à droite, nous nous engageons dans les bois de Bucy-Saint-Liphard et de Montpipeau. Le terrain déjà si mauvais est rendu exécrable par la neige et par cette masse d'hommes et de chevaux, traversant des chemins naturellement remplis de fondrières. Une batterie de mitrailleuses est au

(1) M. l'abbé Morancé, emporté par son zèle, s'étant trop avancé, fut pris et retenu par l'ennemi pendant près de 36 heures.

milieu de nous, il faut l'escorter, la tirer coûte que coûte de ce mauvais pas. On double les attelages, on prend les précautions les plus grandes. Enfin nous parvenons à passer. M. l'amiral a envoyé un cavalier donner ses ordres au commandant; il est dans une ferme sur la route du Mans. Nous devons nous rallier à lui.

Enfin, à dix heures nous arrivons dans une ferme d'Huisseau-sur-Mauves. Elle est complétement dévastée. Il n'y a ni bois ni eau. Il gèle à pierre fendre; pas moyen de faire la soupe ni de dresser une tente. La nuit, nous la passons debout, abrités de notre mieux dans les fossés. Le lendemain 5, nous devons servir d'arrière-garde; nous nous déployons en colonnes par division à droite et à gauche de la route du Mans. Nous marchons jusqu'au Grand-Luz que nous contournons, et nous arrivons à Bacon. On nous fait reposer pendant une demi-heure, puis nous nous dirigeons sur Lorge; nous y arrivons à 4 heures pour camper en avant du village, notre gauche appuyée à la forêt de Marchenoir.

Le lendemain matin, à 10 heures, les deux premiers bataillons vont à Poisly où se trouve la division de cavalerie. Il paraît que le général

Michel craint une attaque. Mais non, nous en sommes pour nos frais. Nous revenons à une heure à Lorge et nous nous mettons en devoir de faire la soupe. Nous espérons pouvoir enfin la manger tranquillement, mais à 4 heures il nous faut renverser les marmites et reprendre notre éternelle marche en colonnes par division. A 8 heures, nous arrivons à Villorceau, et nous sommes enfin cantonnés dans le bourg. Le commandant de Lentilhac, qui était malade et épuisé, est obligé de remettre le commandement au commandant de Musset.

Jusque là nous avions été suivis assez mollement par l'ennemi, quand le 7, au matin, nous voyons qu'il dessine une attaque sur notre droite. Le général Deplanque a pris le commandement de la division, et M. l'amiral Jauréguiberry commande le 16e corps. A notre gauche est le 37e, à droite, la brigade Bourdillon. Tout à fait à droite sont des troupes fraîches dites colonne Camô où colonne de Tours. Ce sont ces troupes qui sont d'abord engagées. On nous fait porter vers Messas pour les appuyer. Nous assistons ainsi à un violent combat d'artillerie qui nous fait perdre peu de monde. Le capitaine Vétillart est blessé à la jambe par un éclat d'obus. Le soir venu, nous nous replions sur Villorceau. En arrivant près de Josnes, la tête de colonne du 2e bataillon, commandée par le capitaine Chartier, est coupée par l'artillerie, et trois compagnies se trouvent ainsi séparées de nous. Elles se dirigent sur Beaugency et le lendemain sur Mer.

Le 8, au matin, nous nous trouvions donc déjà passablement réduits en avant de Villorceau. Nous étions en bataille en ordre inverse. Le commandant de Musset commandait le régiment; les capitaines du Rivau, Couturié, du Luart, les 1er, 2e, 3e bataillons. A 9 heures, nous devons nous former. L'action est engagée chaudement du côté de Cravant. Bientôt le feu paraissant se ralentir, on fait une distribution de lard; mais à midi les obus commencent à arriver à Villorceau. Les bataillons se portent en avant, déployant leurs tirailleurs et placés de manière à soutenir les batteries, mais assez avant pour n'avoir pas trop à souffrir du feu de l'ennemi. A notre gauche est le 17e corps, en avant et à droite la brigade Bourdillon. L'action s'échauffant, il faut renforcer les tirailleurs, puis l'artillerie voyant ses munitions lui manquer, ne tire plus que rarement. Alors les hommes soutiennent seuls pendant trois heures l'effort de l'ennemi. Les cartouches s'épuisaient, la journée s'avançait, il fallait en finir. C'étaient les tirailleurs ennemis embusqués dans la ferme du Mée qui nous faisaient le plus de mal. Le capitaine Couturié saisit le drapeau du régiment et s'élance à travers les vignes, suivi d'abord par sa compagnie; d'autres volontaires accourent à lui et ils ne s'arrêtent qu'après avoir enlevé Le Mée. Ils y trouvent 97 Bavarois qu'ils font prisonniers. Les capitaines du Luart, du Trochet, les lieutenants Tessier, Robin, de Nicolaï, de Grandval, de Chavagnac, étaient arrivés des premiers, et le capitaine Couturié avait fait flotter le drapeau sur le bâtiment principal.

Malheureusement M. de Chavagnac avait été grièvement atteint de deux coups de feu. Les prisonniers faits, ils furent désarmés, et le lieutenant de Grandval dirigea le convoi d'abord sur Beaugency; mais les Prussiens y étant déjà, il alla jusqu'à Mer.

Malgré ce brillant fait d'armes, la position était intenable. L'ennemi menaçait notre flanc, Villorceau était en flammes, les ordres donnés le matin indiquaient Mer comme point de ralliement. Une grande partie des hommes se dirigea de ce côté.

Ce combat, si honorable pour nous, nous coûtait cher : près de 200 hommes blessés ou tués dans ces deux journées des 7 et 8 décembre; parmi les officiers, M. le capitaine Vétillart avait été blessé à la jambe le 7. Le 8, M. le lieutenant Poché avait le bras cassé par un coup de feu. M. de Chavagnac était très-grièvement blessé, ayant le bassin traversé. M. Monternier avait une balle à la tête, et M. Rousseau avait été très-violemment contusionné par des éclats d'obus.

Le lieutenant de Nicolaï s'était distingué tout particulièrement en enlevant sous le feu le sergent-major Lebouc, grièvement blessé, et en l'emportant à l'abri, puis en revenant à la tête de sa compagnie. Aujourd'hui le sergent-major Lebouc, amputé, est remis, et sait bien à qui il doit la vie.

Le soir, à Mer, il y avait environ 500 hommes. Le commandant de Musset, en y arrivant, apprit la présence du général Barry, et le capitaine Couturié vint lui rendre compte de la prise de Beaugency par l'ennemi. Les hommes se logèrent comme ils purent dans la ville, et la 6e compagnie du 2e bataillon alla de grand'garde sur le pont de Mer. Le lendemain, le réveil était à six heures. Le commandant de Musset apprit alors que le général Barry était parti pour Blois dans la nuit. Très-inquiet, sans ordre, n'ayant que des hommes exténués, il s'y rendit. Dès son arrivée, il en rendait compte. Les hommes étaient casernés à Saint-Louis, et un conseil de guerre se réunissait, composé des généraux Barry, Peitavin et Michaux. Ces messieurs donnaient l'ordre au commandant de se rendre à Tours (voir *pièce justificative n° 10*) pour y reformer le régiment, et un train était requis pour l'y conduire. A Tours, où régnait déjà une vive panique, le commandant fut envoyé au Mans, où il arriva le 10 décembre; les hommes furent casernés. Le lieutenant-colonel, non remis, aidé par le commandant de Lentilhac, accouru, quoique souffrant encore, les réorganisa, les reforma de manière à pouvoir les diriger sur la brigade au premier avis, et le commandant de Musset repartit immédiatement pour le 16e corps.

Cependant les hommes qui n'avaient pas rallié Mer étaient restés avec M. l'amiral; M. le capitaine Boulay les commandait. Avec son activité et son intelligence bien connues, il coordonna bientôt tous ces éléments et suivit le sort de la 1re division. Le 10, ils étaient au château de Serqueux, et, en arrivant le 11 à Lussay, ils retrouvaient leurs camarades, ayant à leur tête les capitaines Chartier, Couturié, de Chenay. Les compagnies égarées étaient donc ralliées, et le 33e comptait alors environ 800 hommes. Le 12, il était à Pontijoux et y formait l'arrière-garde dans la marche sur Bois-la-Barbe. C'est là que le commandant de Musset le rejoignit. Le régiment était placé en avant de Vendôme, le long de cette petite rivière La Houzée, qui coule dans un ravin si encaissé, et couvrait la route de Blois. Le 15, la brigade dut traverser le Loir sur le pont de Naveil; mais tandis que notre mouvement s'exécutait, l'ennemi attaquait très-vigoureusement les hauteurs de Sainte-Anne et celles de Bel-Essort. Nous repassâmes donc sur la rive gauche du Loir et nous y bivouaquâmes.

Le lendemain, il fallait, hélas, se décider à reculer encore, mais nous avions pu faire notre retraite de la manière la plus honorable. Depuis quatorze jours nous nous battions sans repos ni trêve. Notre organisation insuffisante encore, notre infériorité numérique et, il faut le dire bien haut, le manque général de munitions, surtout pour l'artillerie, nous forçaient à chercher une ligne solide où nous pourrions et nous reformer et nous ravitailler. Nos positions, jamais l'ennemi n'avait pu nous en chasser, et le 8 au soir, les Prussiens disaient au Bardon à Huisseaux : « Les Bavarois n'existent plus, ils sont anéantis. » L'aide de camp du général de Thann avouait lui-même à M. de la Touanne, dont il occupait le château, que le combat de Villorceau leur avait coûté 3,000 hommes, que l'acharnement avait été inouï. Des marques de lassitude, de découragement étaient si visibles chez l'ennemi, que près d'Orléans on s'attendait à chaque instant à nous voir revenir en vainqueurs.

Evidemment il y avait eu hésitation sur la manière dont cette retraite devait se faire et sur les points définitifs à atteindre. Passerait-on la Loire ou se retirerait-on sur la Bretagne? L'ennemi partageait cette incertitude. Le général Chanzy avait eu l'art de cacher complétement ses projets, et ce n'est que lorsqu'il était trop tard pour s'y opposer que l'armée prussienne le comprit enfin. Tous ces combats l'avaient encore plus démoralisée, plus fatiguée que nous ; à Freteval, on avait vu les hommes se coucher, et les officiers les frapper en vain pour les faire relever. Nous pouvions donc nous acheminer sur le Mans sans craindre une poursuite trop vive. Le 17, nous couchions à Mazangé, et le 18 à Saint-Georges-la-Couée. Ces deux jours pas plus que le 19 dans notre marche sur Parigné, nous ne fûmes inquiétés.

Le 20 décembre, l'armée arrivait au Mans, suivant la route de Parigné. Nous étions à 5 kilomètres de la ville, à la Tuilerie, et nous nous étendions à droite, ayant auprès de nous la 1re brigade à Changé. Du reste, nous ne savions encore quel serait notre numéro définitif, car il arrivait avec nous le 85e mobiles (Gers), les mobilisés de la Sarthe et ceux de Maine-et-Loire. Notre bivouac fut établi sous les sapins, à quelques mètres en arrière du Chemin-aux-Bœufs, qui devenait pour ainsi dire base d'opérations, de ce côté tout au moins. Nos grand'gardes étaient au bas de la côte et allaient dans la direction de Ruaudin. Pendant quelques jours nous sommes 2e brigade avec le 39e de marche, commandé par le lieutenant-colonel Pereira. Puis enfin, la brigade est ainsi reconstituée : 37e et 62e de marche, 33e mobiles; le 39e et le 75e mobiles avec les mobilisés composent la 1re brigade et sont à notre droite. A gauche, est la 2e division.

Dès le 21, les hommes casernés au Mans, au Gué-de-Maulny, étaient venus nous rejoindre. Nous nous trouvions tous réunis, mais tristement, nous étions à peine 1,800; il s'agissait de nous reformer. Le général Deplanque voulait nous refondre en deux bataillons. Le colonel, sachant combien nous étions désireux de rester nous-mêmes et de ne pas voir d'autres éléments s'adjoindre à nous, combattit ces dispositions et obtint, non sans peine, que le régiment serait reformé sur lui-même à trois bataillons de 6 compagnies chaque, ce qui, cadres compris, donnait à chaque compagnie 100 hommes à l'effectif. La 7e disparaissait alors forcément et nous nous trouvions ainsi comme les régiments de marche. Dans les 1er et 2e bataillons, les hommes des 7es furent versés dans les six autres compagnies. Quant au 3e bataillon, tous les officiers de la 1re compagnie ayant disparu par suite de blessures ou maladies, ce fut, au contraire, la 7e qui devint le no 1. Les capitaines titulaires prirent leurs commandements de façon que le commandant de l'ex-7e fût l'adjudant-major. Les officiers comptables prirent rang dans ces compagnies fictives, et nous nous trouvâmes ainsi reformés sans que nos cadres eussent été diminués, et le service était rendu plus facile. Le lieutenant-colonel tenait d'autant plus à ce système qu'il pouvait ainsi faire récompenser les sous-officiers qui s'étaient montrés si vaillants, si dévoués. Autrement, il n'y aurait pas eu de vacances et par conséquent pas de promotions, ce qui eût été, à la fois, souverainement injuste et décourageant. Nous pûmes donc applaudir à des nominations nouvelles et bien méritées. Par contre, il nous fallut perdre tout à fait l'espoir de revoir le commandant de Montesson. Il fut remplacé par le capitaine Simonard, du 3e bataillon.

La température, relativement meilleure à notre arrivée, était devenue atroce. La neige, tombée plusieurs jours sans interruption, couvrait le sol, le froid était devenu intense. On prescrivit de nous faire cantonner : le 1er et le 2e bataillon furent envoyés à la Bazolière et aux Epinettes, petits hameaux ou fermes situés au bas du côteau. Le 3e bataillon avait conservé son ancien bivouac; formés avec des abatis et des mottes de terre ces sortes de gourbis devinrent réellement possibles à habiter sans trop de souffrances. On nous avait, en outre, distribué des peaux de moutons; malheureusement, la plus grande partie n'étaient pas tannées faute de temps. Au lieu d'employer les courtes heures de ces jours d'hiver à les arranger, beaucoup d'hommes les mirent de côté et ils s'en repentirent bientôt.

Le 6, nous arrivait notre nouveau commandant de brigade, le capitaine de frégate Ribell, avec le titre de colonel auxiliaire. Nous faisons vite connaissance avec ce cœur si chaud, cette nature si franche, si loyale, si distinguée.

L'ennemi se rapprochait et il nous allait falloir ou l'aller chercher, ou l'attendre dans nos positions. Le 6 janvier, nos cantonnements furent ainsi modifiés : un bataillon à Chefraison, un autre à Changé, le dernier au Tertre, pour défendre les ouvrages d'artillerie. Des engagements sérieux avaient eu lieu du côté de la Ferté-Bernard, de Saint-Calais, de Château-du-Loir. Il était évident qu'il nous allait falloir tenter un suprême effort. Un succès sérieux nous reporterait certainement jusqu'à Chartres, peut-être jusqu'à Orléans, ou nous permettrait de nous échapper vers Mantes, comme le bruit en courait. Mais ce succès, avions nous sérieusement le droit d'y compter?

Nous nous arrêterons un instant pour jeter un coup d'œil général sur notre situation. Certes, nos positions étaient fortes, bien choisies ; nous les connaissions, nos chefs les avaient étudiées avec soin. Mais deux causes sérieuses de malaise se trouvaient parmi nous. L'armée était affaiblie et découragée, — découragée, car elle ne croyait pas que ses efforts pussent parvenir à faire lever le siége de Paris. — Toujours obligée de reculer, honorablement il est vrai, mais enfin obligée de céder devant le nombre, elle avait été profondément atteinte par la quantité et la rédaction des proclamations inouïes de la délégation. Il n'y a rien de si fin que le soldat français et il sait parfaitement bien quand on le trompe. Aussi les accueillait-on par des plaisanteries plus ou moins heureuses, mais qui avaient le triste mérite d'attester le peu de confiance qu'on leur accordait. Au point de vue du nombre, l'armée était assez diminuée. Pour constituer une brigade d'un effectif sérieux, il avait fallu adjoindre au 37e et à nous le 62e de marche. Il en était de même dans toutes les autres divisions. On avait bien à peu près comblé les vides, mais avec des éléments hétérogènes pris partout et loin d'avoir la force et le sentiment du devoir qui avaient fait du 16e corps un des meilleurs de l'armée.

Les mobilisés étaient venus se joindre à nous. Mais ces pauvres gens, qui avaient si peu l'esprit militaire, avaient eu atrocement à souffrir à Conlie. Ils étaient, en général, mal équipés et possédaient à peine les premières notions de la discipline. Quant à leur armement, nous rappellerons ces simples paroles prononcées publiquement par un des généraux commandant le camp de Conlie : « *On les a envoyés se battre avec des armes dont nous n'aurions pas voulu pour les jeux de nos enfants.* » Et, du reste, il y en a de tristes échantillons officiellement déposés dans une grande ville de l'Ouest.

Les officiers avaient eu cruellement à souffrir ; plus que décimés, il avait fallu les remplacer coûte que coûte. Beaucoup de généraux avaient disparu, tués ou blessés, ou bien encore éloignés sans motifs sérieux par la délégation, et, là, il avait été encore plus difficile de les remplacer. Et, si les nouveaux commandants apportaient tout leur courage et tout leur bon vouloir, il est certain que, comme plusieurs le disaient hautement, ils furent, dans les premiers jours, effrayés par leur nouvelle et terrible responsabilité et par la difficulté qu'ils éprouvèrent dans leur jeune expérience à manier des troupes qui, elles-mêmes, n'avaient pas toujours la tenue et la souplesse nécessaires.

Ainsi donc, l'armée diminuée au point de vue de l'effectif sérieux était inquiète, n'ayant plus l'entrain et la confiance des premiers jours, confiance que ne pouvaient lui redonner des officiers qu'elle n'avait pas encore pu apprécier, ni les corps nouveaux qu'on lui avait adjoints pour la renforcer. Enfin, le général Chanzy lui-même était, disait-on, malade.

Pour nous, disons tout de suite que nous étions, au contraire, dans la meilleure situation. L'amiral Jauréguiberry était toujours à notre tête, le général Deplanque commandait la division et le colonel Ribell nous était particulièrement sympathique.

Mais y avait-il rien de plus affreux que de voir notre cher département atteint par les horreurs de la guerre; que d'être obligés de brûler nous-mêmes nos récoltes, nos maisons. Certes, le patriotisme ne nous manquait pas et nous l'avons prouvé, mais enfin, nous avions le cœur bien gros.

Le 6 janvier, nous changeons de cantonnement, nous nous portons vers Changé.

Nous avons des compagnies au Luth, à Chefraison, une compagnie est au château d'Amigné. Nous passons ainsi deux jours en grand'-garde, toujours sur pied. Le 9, à midi, l'ordre nous arrivait de nous porter tout à fait à gauche; nous devions nous relier au 17e corps qui se trouvait à Yvré et en avant de l'Huisne. Le 1er bataillon se cantonne dans les fermes situées à droite du château des Arches; le 2e est dans la ferme du château; quant au 3e, il va jusqu'auprès du pont; mais, là, les maisons sont occupées et on ne se presse pas de les rendre. Aussi le cantonnement se fait-il avec beaucoup de difficultés. Une forte grand'garde est établie sur le chemin de fer et nous occupons aussi l'embranchement des routes de Paris et de Saint-Calais. Le 37e était à notre droite, et, à gauche, le 17e corps à Yvré (Auvours).

Le lendemain 10, nous devons tenter une attaque de vive force et chasser les Prussiens d'Ardenay et de Parigné. Le réveil sonne à six heures. Nous sommes dans un chemin creux derrière les sapins, entre la route d'Yvré et les Arches ; on y fait les distributions. D'abord nous n'entendons que le canon dans le lointain, puis vers midi la fusillade commence. Nous sommes prêts à marcher. Bientôt l'action devient très-chaude à Changé et à Amigné, que défendent le 37e et le 62e. Ils soutiennent seuls la lutte jusqu'à trois heures ; à ce moment les cartouches commençaient à leur manquer, et ils étaient menacés par des forces considérables qui cherchaient à les déborder. Nous étions alors sur la route d'Yvré à Changé. Le colonel Ribell nous donne l'ordre de porter secours à nos camarades de brigade. Le 3e bataillon se dirige immédiatement sur Noyers pour en garder le pont et assurer ainsi notre retraite. Les deux autres partent au pas de course et se jettent le premier dans les jardins, situés à gauche du bourg, en avant du cimetière, le deuxième dans les sapins, plus à gauche et dominant la vallée. Il était temps, l'ennemi attaquait le village.

La fusillade commence aussitôt avec une grande vivacité. Les Prussiens, d'abord étonnés, renouvellent leur tentative. Mal leur en prend, car nous maintenons un feu écrasant. Le commandant Simonard avait trouvé enfin l'occasion de faire faire ce feu de deux rangs qu'il prônait si fort. D'ailleurs, feu de deux rangs ou non, notre attaque est si vigoureuse que l'ennemi recule, et les deux régiments d'infanterie se trouvent dégagés.

Nous avions ainsi tenu dans nos positions jusqu'à près de huit heures du soir ; à ce moment, nous allons reprendre nos cantonnements aux Arches. Le 3e bataillon retourne même auprès du pont d'Yvré ; mais cette fois, le 21e corps qui s'y trouve, refuse net de céder la place. Enfin, après une heure d'attente, il revient aux Arches. On se serre et tous les hommes s'y mettent. Le colonel Ribell, qui avait jugé de près de l'acharnement des Prussiens, ne doutait pas que Changé ne fût en leur pouvoir. Très-inquiet, n'ayant pas d'ordres, il chercha un officier dévoué pour l'envoyer auprès du général en chef. M. l'abbé Morancé s'offrit, mais M. le sous-lieutenant Avice le pria de renoncer à ce projet et de le laisser partir. M. l'aumônier y consentit, et M. Avice accomplit sa mission avec bonheur.

A une heure du matin nous partons, sous la conduite du colonel Mallat du 37e, et nous arrivons au tertre de Changé. Nous restons là en grand'garde jusqu'à 11 heures du matin. L'ennemi qui avait en effet occupé Changé, a ses petits postes à 60 mètres de nous. Il y a défense d'engager l'action. La neige tombe à flocons, les hommes se mettent à se battre à coups de boules de neige, et deux ou trois

Prussiens qui s'avancent trop, sont faits prisonniers. La brigade Jouffroy vient nous relever. Nous quittons ce singulier campement et nous allons reprendre notre ancienne position sur le Chemin-aux-Bœufs, la droite à la route de Ruaudin, le 37e à notre gauche.

Nous restons ainsi toute la journée sac au dos. La lutte est acharnée à notre gauche, à droite l'engagement paraît moins violent, et c'est pourtant alors que se décide le sort de la bataille du Mans. L'ennemi ne pouvant nous tourner et nous couper des ponts d'Yvré, fait une marche de flanc et se porte sur notre aile droite. Les mitrailleuses placées sur la route de Parigné lui font beaucoup de mal, mais il continue sa marche sur Ruaudin et s'y établit; d'autres corps tâtaient la position du Tertre. Là devait se trouver la division de Curten. Mais cette division n'ayant pu arriver à temps, on l'avait remplacée par des mobilisés débarqués de la veille, mal équipés, mal armés et peu confiants. Croyant la journée finie, ils se mirent à faire la soupe et se laissèrent surprendre, d'abord, par quelques Prussiens, qui arrivèrent bientôt en grand nombre.

C'en était fait. Maître de cette position, l'ennemi commandait la ville et notre retraite devenait d'une difficulté inouïe. Prévenu de ce grave événement, le général en chef voulut y rémédier immédiatement. Trois colonnes devaient enlever le Tertre à la baïonnette, l'une venant de Pontlieue, l'autre d'Arnage, et enfin nous, nous devions déboucher par le Chemin-aux-Bœufs. Nous nous formons en colonne par demi-section; la baïonnette est au canon. Nous attendons plus d'une heure, mais les autres colonnes ne prononçant pas leur mouvement, le général Deplanque nous ordonne de ne pas avancer.

Nous restons ainsi toute la nuit; les grand'-gardes sont attaquées à chaque instant, une partie même de la 2e compagnie du 3e bataillon est enlevée, il nous faut courir aux armes à toute minute.

Le jour paraît et éclaire pour nous un triste spectacle. Nous ne voyons presque que des fuyards; les batteries ennemies placées sur le Tertre-Rouge nous prennent d'écharpe et nous font beaucoup souffrir; à dix heures et demie nous n'avions pas encore d'ordres. Enfin le commandant de Lentilhac se décide à se retirer.

Nous nous déployons en tirailleurs et

nous couvrons ainsi notre retraite, mais nous sommes en butte au feu ennemi qui est assez violent pour nous faire perdre pas mal de monde. C'est à ce moment que le sergent-major Lepelletier est frappé mortellement. Nous arrivons ainsi à la route de Parigné, couverts à gauche par la 4e compagnie du 2e bataillon, capitaine Legoult. La 3e compagnie du 1er bataillon, déployée à droite sous les ordres du capitaine Bomer, ne peut se dégager qu'en passant sur le pont du chemin de fer quelques instants avant sa destruction. Le commandant forme le régiment en colonne. Nous essayons le passage sur le pont principal, il est à peu près impossible ; alors nous passons l'Huisne sur la passerelle du moulin homme par homme, et à travers les jardins nous rejoignons la ville par l'avenue de Paris et la place de l'Etoile. Le commandant se rend au quartier-général. Nous formons les faisceaux sur la place de l'Eperon et nous l'attendons. Mais cette marche nous avait tellement allongés que beaucoup d'hommes s'égarèrent, surtout dans le 3e bataillon qui était en queue. 250 hommes allèrent coucher à la Groirie, quelques autres poussèrent jusqu'à Coulans. Le commandant revient ; nous nous dirigeons sur St-Georges.

Là, contre-ordre ; nous devons nous rabattre sur la route directe de Laval. Nous allons ainsi jusqu'à Chaufour et nous bivouaquons sur la route.

A neuf heures du matin nous quittons Chaufour ; les compagnies qui s'étaient cantonnées à la Groirie nous rejoignent et nous nous trouvons tous réunis. Nous formons l'arrière-garde avec le 37e et le 62e, et nous traversons Coulans, Chassillé, marchant ainsi dans la neige jusqu'à Joué-en-Charnie. Là encore nous bivouaquons sur la route, en arrière du village, et nous y attendons, le 14, jusqu'à deux heures. A ce moment on nous fait prendre des positions de combat. Les compagnies sont placées dans les champs à gauche de Joué, et nous restons ainsi jusqu'à neuf heures du soir. Alors nous sommes autorisés à nous cantonner dans le village. Nous commençons à nous installer quand il nous faut reprendre nos positions de la journée. On signale les Prussiens à Loué, et nous nous attendons à être attaqués. Il faut se retirer. Le colonel Ribell rassemble les officiers pour les engager chaleureusement à encourager leurs hommes. Pendant qu'il parle, on voit plusieurs fusées. Le commandant de Musset les fait remarquer, et nous

nous mettons immédiatement en marche. Nous traversons toute la forêt de la Charnie, Saint-Denis-d'Orques, et à trois heures du matin nous nous arrêtons à deux kilomètres de Saint-Jean-sur-Erve, et nous bivouaquons ainsi jusqu'à neuf heures. Après une heure d'attente devant le village, nous commençons à nous cantonner. Une reconnaissance de cavalerie rentre, annonçant qu'il n'y a pas de Prussiens à quatre lieues à la ronde. Quelques instants après la canonnade commence. M. l'amiral avait étudié les positions dès le matin, malgré le brouillard; aussi prenons nous immédiatement nos postes de combat.

Les pièces sont installées dans des chemins creux, sorte de retranchements naturels; et montant par des sentiers, nous nous trouvons ainsi disposés : le 1er bataillon a deux compagnies en tirailleurs au-dessus du cimetière de Saint-Jean, à gauche des mitrailleuses; quatre compagnies du 2e bataillon, sous les ordres du commandant Simonard, sont également déployées; les deux autres, la 1re et la 6e sont en soutien. Quant au 3e bataillon, sa 1re compagnie est avec celles du 1er bataillon, la 2e est en tirailleurs, tout à fait sur notre gauche. Les autres sont placées sur les flancs comme soutien. L'affaire s'engage très-chaudement, le feu est très-vif depuis onze heures jusqu'à la nuit. Cependant, grâce aux accidents de terrain, aux chemins profondément encaissés, nous perdons relativement peu de monde. A quatre heures, M. le colonel Ribell, très-inquiet de la situation précaire de notre aile droite, envoie le commandant de Musset avec une compagnie et des détachements des 62e et 37e de marche occuper la ferme des Noues. Le commandant s'y installait lorsqu'un bataillon de mobiles de la division voisine, se repliant précipitamment sur cette position, annonce que nous sommes tournés. Le colonel, prévenu de ce fait qui concordait avec ses impressions personnelles, voulut que M. l'amiral en fût averti par un officier en qui il pût avoir entière confiance. Il pria donc le commandant de Lentilhac d'aller lui exposer la situation et d'insister pour l'évacuation de Saint-Jean.

Lorsque le commandant pénétra dans la partie du village où était situé le quartier-général, elle était déjà occupée par l'ennemi; en arrivant au presbytère, il fut assailli et fait prisonnier. Le capitaine de Sabran ne le voyant pas revenir, se porta jusqu'à l'entrée du village, mais sans pouvoir rien apprendre sur ce qui s'était passé, et ce ne fut qu'après avoir essuyé plusieurs coups de feu qu'il se retira.

Le colonel Ribell ayant aussi inspecté les environs, revint plus convaincu que jamais qu'il fallait se retirer promptement si l'on ne voulait pas courir le risque d'être entouré par des forces supérieures. De plus, la sûreté des canons et des mitrailleuses qui nous étaient confiés nous en faisait un devoir impérieux. La 1re compagnie du 3e bataillon était disposée au haut du chemin creux par lequel l'ennemi aurait pu arriver, et le lieutenant Rousseau s'était placé en sentinelle perdue pour répondre de la sûreté du régiment. Le colonel fit replier tout le monde et ordonna la retraite. Le commandant de Musset avait reconnu pendant la journée les chemins placés en arrière. Il nous dirigea sur la route de Laval avec le 37e et le 62e de marche et une partie du 75e mobiles. La 2e compagnie, capitaine du Luart, avait couvert la retraite avec une grande énergie.

Tel fut notre dernier combat. Dans de bonnes positions et bien décidés à nous défendre à outrance, nous avions fait subir des pertes énormes à l'ennemi : plus de 3,000 hommes avaient été mis hors de combat. Relativement, nos pertes étaient beaucoup moins grandes ; mais malheureusement le colonel Béraud, chef d'état-major, avait été frappé mortellement par le même boulet qui avait tué le cheval de M. l'amiral. C'était M. l'abbé Morancé qui avait reçu le dernier soupir du colonel. Dans le régiment, deux officiers étaient blessés : M. Joly, grièvement atteint par un éclat d'obus, et M. Lemeunier, très-violemment contusionné à l'épaule. Ce qu'il y avait de plus triste pour M. Joly, c'est que depuis dix jours il était nommé dans l'intendance sans que sa lettre de service eût pu lui parvenir en temps utile.

Enfin, le 15, nous arrivions en vue de Laval. Nous espérions quelques jours de repos, lorsque nous apprenons qu'il nous faut former les faisceaux et attendre des ordres. Il tombe une pluie glaciale qui rend encore plus pénible ce temps d'arrêt. La 2e division est tellement désorganisée que nous y passons provisoirement ; il nous faut prendre position dans les tranchées près de la ferme du Plessis et garder ainsi les approches de Laval. Pour le coup, nous sommes désespérés ; nous venons de faire une retraite effroyable, toujours nous battant, poursuivis sans relâche par l'ennemi, couchant sur les routes, n'ayant pas pris de repos un instant depuis le 8 janvier ; des hommes qui s'étaient endormis étaient morts presque subitement de froid; toutes les souffrances possibles, nous les avions supportées. Cette marche, si pénible qu'il n'en est peut-être pas d'autre exemple, nous coûtait près de 400 hommes tués, blessés, pris ou morts de froid et de fatigue pendant ces huit longs jours, et, lorsque nous croyions toucher au port, il nous fallait renoncer à cette espérance! Enfin, nous nous établissons le moins mal possible dans la tranchée. Le 17, dès le matin, il nous faut nous déployer ; les mitrailleuses tirent, mais on s'aperçoit bientôt que ce n'est qu'une alerte. A midi, la division de Curten vient nous relever. Nous restons définitivement à la 1re division du 16e corps et nous ne quittons pas nos braves camarades du 37e. Nous nous mettons en route pour Laval; dans les faubourgs on nous distribue du pain. Le général en chef, qui passe, s'arrête et nous félicite très-vivement de l'énergie et du courage que nous avons montrés pendant toute la retraite.

Nous nous dirigeons sur Grenoux, village à 4 kilomètres de Laval. Enfin, nous allons faire séjour, nous compter, nous refaire. Ce petit village nous paraît avoir toutes sortes d'attraits et nous y resterions volontiers, lorsque, le 19, il nous faut aller coucher près de la gare de Laval. Notre effectif si réduit fait que l'on ne nous compte plus que comme un bataillon et nous sommes établis à Chambaud pour garder la voie ferrée. Malgré la proximité de Laval, le cantonnement est loin d'être agréable et nous regrettons vivement Grenoux. — Nous nous rééquipons. Les hommes simplement fatigués se remettent, et lorsque, le 27, nous allons nous établir à Andouillé, nous avons repris notre bonne allure d'autrefois.

C'est à Chambaud que nous apprenons une triste nouvelle, malheureusement trop prévue. Paris avait capitulé. Un armistice était conclu. Etait-ce la paix? Vraiment, devant nos pays si dévastés, devant la situation même de l'armée, nous nous disions que nous avions défendu l'honneur du drapeau aussi longtemps et aussi vigoureusement que possible, que le prolongement de la lutte nous paraissait inacceptable ; mais, en même temps, nous étions toujours prêts à répondre à un nouvel appel du pays s'il le jugeait nécessaire.

Ce n'est pas à Andouillé même que nous allons. Notre brigade doit couvrir la rive droite de la Mayenne. Le colonel Ribell est au moulin de Buizon avec le 37e qui compte, hélas! 800 hommes à peine, le 62e est en arrière. Quant à nous, nous sommes répartis à la Louvière, à la Pelardière, à la Maison-Neuve, à la Bûcherie, toutes fermes qui ne sont pas des cantonnements de premier choix; pour arriver à la Pelardière, il faut se mettre à la nage et il ne fait pas chaud pour faire preuve de ses talents de natation.

Le lendemain de notre arrivée, le lieutenant-colonel revient prendre le commandement. — On nous promet une revue pour le 5 février. Cette revue fera à la fois constater et notre effectif et nos besoins. Nous nous préparons avec soin, car nous allons paraître devant notre nouveau commandant, le général Cérez. — Notre ancien divisionnaire, le général Deplanque, vient d'être, comme toujours, brutalement remplacé. Nous ne voulons pas répéter ici à qui on attribua alors sa disgrâce, mais nous dirons qu'ayant débuté ensemble et fait toute la campagne sous ses ordres nous le regrettâmes sincèrement.

La revue est passée. Le général nous donne des éloges et l'intendant complimente les officiers comptables. — Nous restons ainsi pendant quatorze jours, ayant pour seule distraction les élections, mais cela n'a été que l'affaire d'un jour. — (Voir *pièce justificative n° 11*). — L'armistice touche à sa fin. Dans l'incertitude où l'on est de la décision de l'Assemblée nationale, il est imprudent de nous laisser plus longtemps derrière la Mayenne, nous pourrions être tournés, et alors Carentan seul nous offrirait une retraite assurée. Le 19e corps lui-même, quoique à peine épuipé et armé, est arrivé à notre gauche. Le 11, nous recevons l'ordre de partir. Tout le monde, malgré les mystères officiels, pressent que l'armée va passer la Loire. Le 17e corps seul laisse un rideau de cavalerie destiné à masquer notre mouvement ; puis nous serons remplacés par les mobilisés de Bretagne qui viennent d'être placés sous le commandement général de M. de Colomb.

M. l'amiral Jauréguiberry nous a quittés ; il est à Bordeaux, mais nous savons qu'il sera au milieu de nous dès que l'heure du danger sonnera.

Le 12, nous nous mettons en marche, nous allons suivre la vallée de la Mayenne. Si nous n'étions pas aussi tristes, ce serait un charmant voyage, car le pays est ravissant. Nous allons coucher à la Trappe d'Entramme après avoir traversé Laval. Les trappistes nous reçoivent de leur mieux, mais leurs provisions ont déjà été vigoureusement attaquées par la 2e division passée la veille. Leur célèbre fromage fait la base de notre repas. .

Le 13, nous traversons Château-Gonthier et nous admirons les ruines du pont que, dans son zèle, le préfet de la Mayenne a absolument voulu faire sauter. Cette opération, si inutile, a été exécutée de telle façon que les maisons voisines en ont beaucoup souffert. Notre gîte d'étape est à Daon; nous sommes partagés entre trois fermes, et, malheureusement, la nuit arrivée trop vîte nous empêche de jouir d'un splendide panorama.

Le 14, nous sommes à Juigné, Béné, encore cantonnés dans des fermes. Elles regorgent de bestiaux et les habitants n'aiment pas trop à les faire coucher dehors pour que nous puissions nous mettre à l'abri ; mais le colonel est inflexible, et bœufs et vaches vont bon gré mal gré prendre leurs ébats dans les prés.

Le lendemain nous traversons Angers. Décidément nous ne nous y arrêtons pas; on assure que nous allons à Poitiers.

Enfin, nous remontons la Loire et nous nous arrêtons à la Pyramide, furieux contre notre mauvaise étoile qui nous empêche de faire étape dans aucune ville. Mais il y a une compensation, trop vive même, dans le petit vin blanc qui, s'il nous donne des jambes, met aussi parfois un peu trop de vague dans nos idées. Le 16, nous sommes aux Roziers et le 17 nous traversons Saumur pour aller à Bron, petit village dominant la vallée si riante du Thouet. Nous y faisons séjour et nous y recevons, il faut le dire, une hospitalité qui n'avait rien d'Ecossais.

Après cette jolie petite ville de Montreuil-Bellay, nous entrons dans le département de la Vienne. Quel changement de pays! Des terres grisâtres, rien que des noyers, puis, en avançant, des vignes. Nous regrettons nos étapes précédentes. Arrivés à Trois-Moutiers, nous sommes cantonnés en arrière à Beaulieu.

Le 20, nous passons à Loudun. A voir ces toits plats en tuiles et cette petite ville si originale, on se croirait tout à fait dans le Midi. Nous couchons à Verrue, Dandesigny, Purnon. Les habitants sont peu aimables. Le lendemain nous sommes à Lencloître, joli chef-lieu de canton, avec une église remarquable comme style et nouvellement restaurée. Nous avons évité Mirebeau, ce centre de l'industrie mulassière.

Enfin, le 22 nous arrivons à Scorbé-Clairvaux, c'est là le terme de cette longue route qui s'est bien effectuée, très-peu d'hommes sont restés en arrière et tous se portent bien. Du reste, le général Cérez a été impitoyable. Tous les gradés, sous-officiers et caporaux, qui n'ont pas suivi la marche sont cassés. Nous redevenons alors 1re brigade ; la 2e division est à notre droite et occupe Thuré. Nous devons défendre la ligne s'étendant de la Tour-Pouille à Saint-Genest où est le 75e mobiles. Il y a là trois routes, celle de Thuré à Sossais, de Sossais à Saint-Genest et de Saint-Genest à Thuré. Nous devons nous établir sur une crête qui les commande. C'est une sorte de chemin aux bœufs serpentant à travers les vignes et les sapins. Vis-à-vis le Haut-Clairvaux est un point culminant où se trouve encore l'ancien télégraphe aérien. Le petit hameau des Pichereaux forme un poste avancé important, il est défendu par les chasseurs à pied. En arrière du coteau sont des vignes, chaque clos est entouré de murs, heureusement ils sont en pierre sèche et si cela est nécessaire, les ouvertures y seront vite faites. Le 1er bataillon est cantonné à Puydonneau et dans les fermes environnantes, le 2e au Poirier et le 3e au Raquis. Des épaulements sont construits à Puydonneau, à la Tour-Pouillé, à la Chinière.

Nous attendons ainsi dans la plus grande anxiété les nouvelles politiques. Il arrive de singulières demandes aux généraux de division. Ils doivent éclairer le gouvernement sur les dispositions des troupiers ; c'était le dernier coup donné à la discipline par les hommes du 4 septembre. Les colonels furent chargés de savoir par les capitaines et même au besoin par les sous-officiers ce que l'on pensait de la reprise probable des hostilités. Ces ouvertures furent en général accueillies comme elles devaient l'être, c'est-à-dire fort mal, et les officiers du 33e y répondirent catégoriquement. — (Voir *annexe n° 2*.)

Cependant la fin de l'armistice arrivait ; nous étions sans nouvelles. Dans la journée du 26 les sacs furent faits avec soin, les cartouches vérifiées, les voitures chargées et les compagnies de grandes gardes désignées. A 4 heures du soir le lieutenant-colonel revenait de Chatellerault où le général Barry n'avait pu lui donner aucune certitude. Enfin, à huit heures arrivait la nouvelle officielle de la prolongation de l'armistice. Au 21e corps, stationné aux environs de Loudun, on ne la reçut pas à temps, aussi à minuit y eut-il une véritable alerte qui occasionna plusieurs feux de peloton.

Le 27, on jugea utile de resserrer notre ligne. Nous dûmes occuper le château de la Barbinière et les fermes situées en avant de Thuré ; le 1er bataillon occupa le Petit-Naintré, les Chevaliers, la Bâcherie, les deux autres la ferme du château et les hameaux environnants. Ce changement de cantonnement auquel nous ne tenions nullement nous valut la rancune des mobiles de la Mayenne et de la Charente-Inférieure, convaincus qu'ils étaient dépossédés sur notre demande. Il y eut même quelques rixes qui furent bientôt arrêtées par l'énergie des officiers et le bon vouloir du colonel de la Charrie qui commandait une des brigades de la 2e division.

Le matin même le dépôt était arrivé ; le

capitaine de Chenay ramenait ainsi près de 400 hommes, après un long voyage à Brest et à Cherbourg où il avait eu à lutter contre toutes les mauvaises volontés locales et à triompher des petites ambitions personnelles. Mais il n'était pas homme à se laisser embarrasser, et grâce à sa main vigoureuse les mobiles s'étaient vite aperçus qu'ils passaient sous un commandement sérieux et qu'ils n'étaient plus au camp du Grand-Vey. La discipline était cependant d'autant plus difficile à maintenir que la continuation des hostilités paraissait de plus en plus improbable.

Le 5 mars le général Cérez partait pour l'Afrique. Il était donc bien évident que tout était fini.

C'est alors que nous apprîmes une triste nouvelle qui nous affligea profondément. En quittant Laval, nous avions dû y laisser M. Marcel de Jumilhac, gravement atteint par une fièvre typhoïde, et cette affreuse maladie l'enlevait à la fin d'une campagne où il avait montré l'énergie la plus rare, les qualités les plus brillantes. D'une constitution frêle que l'âge n'avait pas encore pu consolider, Marcel de Jumilhac avait l'esprit le plus noble et le plus élevé et par dessus tout le sentiment du devoir. Assez souvent malade, il était toujours resté à son poste. Ses hommes l'avaient vu à leur tête à toutes les affaires, et qui ne se le rappelle dans cette affreuse retraite du Mans ? Exténué de fatigue, ses pieds ne pouvant plus supporter de souliers, il fit cette longue route avec des caoutchoucs empruntés dans un château. Mais c'était trop ; à Andouillé il tombait malade pour ne plus se relever, et son frère était à Rennes atteint lui-même d'une fluxion de poitrine! Un service funèbre fut célébré à Thuré et tous s'unirent de cœur à la douleur de sa famille. M. l'abbé Morancé le célébra aussi à l'intention de toutes les victimes tombées dans notre pauvre régiment.

Quelques jours se passèrent. Le 11 mars le colonel Ribell nous quittait et nous faisait ses adieux. Nous ne nous séparons qu'avec peine d'un chef d'une nature si généreuse, si ardente et quelques semaines plus tard nous le suivons avec intérêt au milieu de ses marins à la batterie de Montretout.

Mais il court un bruit singulier, les régiments de mobiles seraient destinés à aller à Paris ? — (Voir *annexe n° 3*. Départ du 37e de marche). Nous en sommes singulièrement émus. Le lieutenant-colonel se rend auprès du commandant en chef et malgré ses réponses négatives il ne lui est pas difficile de remarquer quelque réticence. Nous ne sommes pas tranquilles, car nous trouverions dur de ne pouvoir rentrer immédiatement dans nos foyers.

Enfin, le 14, arrive un bienheureux ordre qui calme toutes nos inquiétudes. Le 15, nous rendons les armes et le campement à Châtellerault. Le 16 nous partons. Les étapes sont d'une belle longueur, huit et neuf lieues. Nous allons coucher à Loudun, de Loudun à Saumur et le troisième jour nous sommes à Baugé.

En y arrivant, le lieutenant-colonel nous fait lire l'ordre d'adieu (voir *pièce justificative n° 12*) et le lendemain nous arrivons à La Flèche. Le sous-préfet, le maire viennent nous recevoir. On nous accueille de la manière la plus hospitalière et nous serions véritablement joyeux de nous retrouver au milieu de nos concitoyens si les affreuses nouvelles arrivées de Paris ne nous attristaient tous.

Le 1er bataillon reste à La Flèche, les deux autres regagnent Le Mans. Cette longue étape est lestement franchie en 3 h. 1/2. Nous entrons dans la ville au milieu de la population accourue pour recevoir ses enfants, calme et recueillie, car tous les cœurs saignent plus que jamais. Le lieutenant-colonel fait ses adieux, (voir *annexe n° 4*) puis fait rompre les rangs. Le régiment est licencié.

Le bataillon de Mamers arrivait deux jours après. Nos braves camarades que nous aurions été si heureux de voir à nos côtés, avaient, eux aussi, vaillamment combattu. Incorporés au 74e mobiles avec deux bataillons du Lot-et-Garonne, ils avaient d'abord fait partie du 17e corps, puis avaient été versés au 16e avec la division Roquebrune. Ils avaient été cruellement éprouvés. Leur cher commandant, M. de Mailly-Chalon (voir *annexe n° 5*), avait été blessé mortellement le 4 décembre, et avec lui le lieutenant d'Argy. Ils avaient fini la campagne sous les ordres d'un officier supérieur étranger au département.

Parti le 7 octobre, le 33e revenait le 20 mars, après avoir pris part à tous les combats de l'armée de la Loire, et les mobiles pouvaient rentrer fièrement et la tête haute, car leur devoir, ils l'avaient partout vaillamment accompli. Mis à l'ordre du jour à Coulmiers et à Villepion, ils avaient été remarqués et félicités publiquement pour leur brillante conduite à Loigny, à Villorceau, où seuls ils avaient fait des prisonniers. Leur énergie pendant la retraite sur Laval leur avait encore valu les compliments du général en chef. Enfin ils rentraient avec un grand sentiment, l'amour du drapeau. Ils étaient fiers et d'eux et de leurs officiers. Il est vrai que ces messieurs n'avaient rien épargné pour leur adoucir les rigueurs de cette dure campagne. Il n'était pas de capitaine qui n'eût avancé le prêt, qui n'eût payé ou des vivres lorsqu'ils manquaient, ou des chaussures lorsque l'intendance n'en pouvait délivrer. Aussi s'était-il formé une vraie et solide confraternité qui, nous l'espérons bien, ne s'affaiblira pas. — Plusieurs officiers, sous-officiers et mobiles avaient été récompensés. Depuis, de nouveaux noms sont venus s'ajouter aux premiers, et nous espérons bien vivement voir récompenser ceux qui ne l'ont pas encore été, quoique l'ayant si bien mérité.

Après un aussi long récit, mêlé comme nous l'avons été à tous les faits de la guerre, on ne nous en voudra pas de dire quelques mots sur ce que nous avons vu, et d'apprécier l'armée et ses annexes.

L'Intendance doit venir en première ligne,

car la nourriture et l'équipement sont des choses essentielles. Nous ne jetterons point la pierre à l'intendance. — Elle remplit le rôle le plus difficile, le plus aride; les officiers qui la composent sont tous en général des hommes de mérite. Mais pourquoi ces messieurs veulent-ils absolument être l'arche sainte à laquelle on ne peut toucher, parce qu'elle fait tout bien, et que si quelque chose cloche, ce n'est jamais de sa faute? Nous connaissons parfaitement les immenses difficultés qu'ils ont à vaincre, mais nous voudrions, quand ils ne peuvent en triompher, les voir l'avouer franchement. Lorsqu'un convoi est en retard par suite des mauvais chemins ou de livraisons non faites, qu'ils le disent, et qu'ils ne prétendent pas que si les corps n'ont pu toucher ce qui leur revenait, c'est de la faute des officiers payeurs. Car c'est ainsi que le tour se jouait. Tant qu'il y avait de quoi fournir, on livrait; puis, lorsqu'il y avait manque, on découvrait un vice de forme dans le bon et on le refusait. A ce sujet, nous demanderons aussi pourquoi les intendants n'étaient jamais au centre de leur division quand elle devait se cantonner dans un ou deux villages? Si M. l'intendant jugeait à son arrivée que les bons logements étaient pris, il allait planter sa tente (au figuré bien entendu) à cinq ou six kilomètres de là. Etait-ce de la bonne administration? Le résultat le plus clair était pour les officiers payeurs des courses insensées au-dessus de leurs forces, et pour les intendants l'ignorance, même après plusieurs jours de stationnement, de l'assiette du cantonnement de leurs régiments. Il est fort possible que les officiers auxiliaires dont l'intendance a eu sa très-large part aient été pour beaucoup dans les abus et les ennuis éprouvés par les corps. Mais pour nous, nous voudrions en principe que l'intendant divisionnaire fût sous les ordres directs du général de division avec deux sous-intendants chargés chacun d'une brigade et également sous les ordres du commandant de la brigade.

Enfin pourquoi l'intendance veut-elle absolument avoir sous sa direction et les médecins et les ambulances ? Pour nous, nous dirons hautement que ce service a été fait d'une manière déplorable (1). Nous n'avons pas vu

(1) Malgré les réclamations soulevées par notre assertion, nous la maintenons. — Il y avait, croyons-nous, pénurie de médecins, et c'est là seulement ce qui peut expliquer leur non-présence; mais que ces Messieurs aient été récompensés ou pris dans des ambulances, cela ne prouve rien, car ils ne devaient point crain-

un médecin sur le champ de bataille, et pourtant combien de blessures perdraient de leur gravité, grâce à un premier pansement immédiat. Mais non, on arrangeait une ambulance au loin, et là même on trouvait souvent peu de secours. A Coulmiers, n'a-t-il pas fallu mettre le revolver au poing pour forcer un cacolet à venir chercher un blessé. Qui ne se rappelle ces trois voitures d'ambulance arrivant d'Epieds sur Cheminiers et se repliant au galop lorsqu'elles furent à huit cents mètres. A Guillonville, le 1er décembre, il n'y eut que les médecins du régiment. Le 2, dans le château de Villepion, un vieil officier de santé resta seul pendant toute la bataille. A Patay, même le soir, il y avait peu de médecins à l'ambulance principale, mais, par exemple, le lendemain, c'était une véritable nuée sur la route de Patay à Saint-Péravy. Pendant ce temps, Loigny, Orgères,

dre pareille chose vu leur neutralisation, et si, par hasard, nous nous sommes trop avancés en disant que *pas un médecin* n'accompagnait son corps sur le champ de bataille *même*, nous aurons ce correctif qu'à Boulay ayant fait demander un médecin à l'ambulance pour soigner un officier malade (les nôtres ayant été chercher des médicaments à Orléans), il en arriva un *une heure après* qui se plaignit *d'être dérangé de son dîner* et prit une attitude telle que nous dûmes lui intimer l'ordre de se retirer et nous plaindre à M. l'intendant.

regorgeaient de blessés qui n'étaient pas pansés. — Quant aux évacuations, elles se faisaient d'une façon pitoyable. Ceux qui ont vu pendant les premiers jours de décembre les gares d'Orléans et de Tours, en sont navrés. Par ces dures gelées, on vous arrêtait pendant cinq et six heures sans motifs. A Mer un convoi de blessés resta douze heures avant de se mettre en marche. Aussi à son arrivée à Tours était-ce un spectacle affreux : partout des morts. — Nous ne rechercherons pas à qui incombe la grave responsabilité de faits pareils. Nous les citons, car ils exigent impérieusement une réforme radicale. Quel que soit le système que l'on adopte pour les grandes ambulances placées en arrière, il nous semble indispensable qu'au moins un médecin si ce n'est deux sur les trois attachés à chaque régiment, accompagne ses hommes sur le champ de bataille.

Nous arrivons maintenant à l'armée. Ce que nous avons vu, le milieu dans lequel nous avons vécu ne peut ressembler en rien à la magnifique armée que nous avions au début de la campagne. Mais si nous avons été attristés par bien des choses, notre orgueil patriotique se réveille plus fort que jamais devant ce qu'ont fait ces troupes formées du jour au lendemain, mal habillées, mal équipées et trop souvent mal nourries. Tout d'abord nous nions formellement à la délégation l'honneur de cette création. Les régiments de marche, les régiments de mobiles avaient leur organisation faite par le général Montauban et, au ministère, on n'a eu qu'à suivre l'impulsion donnée. Toutes les fois que M. Gambetta s'est mêlé de quelque chose, ce n'a été que soit pour entraver la discipline par des élections et des changements insensés et continuels de généraux, soit pour imposer des plans fantastiques. Les événements qui se passent aujourd'hui et qui mettent à nu tous les faits de cette dictature ne prouvent que trop combien nous avions raison de redouter, dès le 1er novembre, un avocat devenu ministre de la guerre. — La seule organisation que M. Gambetta puisse s'attribuer, et elle est bien à lui, c'est la levée des mobilisés et les camps stratégiques, dont le résultat le plus clair, pour ne pas dire le seul, fut une augmentation énorme des dépenses. Dans ces camps, il y avait généralement peu d'hommes, et à Nevers on en était réduit à offrir à un capitaine de mobilisés de lui confirmer son grade — si il voulait s'engager à amener avec lui soixante hommes. — Nous, qui sommes du pays, nous savons les affreuses déceptions du camp de Conlie, la misère de ces hommes qu'on envoyait au feu avec des fusils destinés aux nègres de l'Afrique. Eh bien! après l'échec du Tertre-Rouge, M. Gambetta voulait renvoyer à Laval ces mêmes hommes avec ces mêmes fusils, et tout le monde sait à Rennes que M. de Marivault a été destitué pour s'y être opposé et avoir témoigné son indignation.

Pour en revenir à l'armée de la Loire elle-même, nous dirons que l'artillerie y fut admirable; tant qu'elle eut des munitions, elle soutint le choc des Prussiens avec une rare intrépidité. — Après Orléans, le ravitaillement ne put se faire ; à Villorceau, des batteries n'eurent que 17 coups à tirer, mais les artilleurs restèrent jusqu'à leur dernière gargousse. A Freteval et surtout à Saint-Jean-sur-Erve, ils furent supérieurs à l'ennemi. — Quant à la cavalerie, mal montée, elle éprouva les difficultés les plus grandes pour nourrir ses chevaux et fit peu de chose ; nous ajouterons que quelques régiments seulement comprirent le seul service qu'ils eussent à faire, celui d'éclairer. — Jamais ou rarement les reconnaissances furent poussées à fond. Qui ne se souvient que le 15 janvier la cavalerie déclarait qu'il n'y avait pas un Prussien à quatre lieues à la ronde, et qu'une demi-heure après le feu commençait. — La manière brillante dont notre cavalerie s'est comportée pendant la première partie de la campagne fait que nous sommes sûrs que, réorganisée et remontée, elle sera toujours à la hauteur de sa tâche.

Les régiments de marche, les régiments de mobiles ont prouvé ce que valait le troupier français, avec quelle rapidité il se formait et tout ce que des chefs habiles pouvaient lui demander. Il est incontestable que tout réside dans les cadres. Eh bien! les cadres se forment encore beaucoup plus vite qu'on ne veut bien l'avouer dans l'ancienne armée. — Nous ne savons ce que sera la loi militaire de 1872, mais pour nous, nous ne comprenons qu'une chose, le service obligatoire. Tous se doivent d'abord au pays. Et d'ailleurs, n'est-ce pas là la meilleure école ? cette vie en commun ne peut qu'être utile en faisant tomber tous les sots préjugés que l'on conserve encore. On apprend ainsi vite à se connaître, à s'estimer, et là peut être un grand point de force pour nous. Si le passage dans l'armée amène une union plus intime entre tous, ce sera un immense bienfait rendu au pays.

Nous avouons que nous ne pouvons être

pour l'armée active partisan du système des cercles et du recrutement des régiments par provinces. Cela peut avoir de bons résultats en Allemagne avec des esprits calmes et froids. Mais nous qui renfermons des éléments si différents, nous sommes obligés de les mélanger. A notre avis l'armée active doit être un être impersonnel. Chaque régiment représentant tout le pays est aussi intéressé à défendre la Flandre que la Gascogne. Eh bien, dans le système préconisé, on aura bien vite des coteries, des jalousies ; on voudra bien rester pour défendre sa province, mais on ne se souciera que médiocrement d'aller au secours des autres, on se réservera pour ses foyers. Par la méthode actuelle, une concentration rapide est difficile, c'est vrai, mais que le bureau de recrutement sache combien il a dans le département de militaires susceptibles d'être rappelés, qu'au lieu de leur faire rejoindre leurs anciens régiments il les verse au corps qui tient garnison dans la ville la plus rapprochée, et cet inconvénient sera évité. Il est certain qu'il y a de grands abus à corriger. Nous avons vu le 30 mars des mobiles engagés pour la durée de la guerre au 2e zouaves, renvoyés du Mans où ils étaient arrivés revenant d'Allemagne, renvoyés à *Coléah* pour y recevoir leur feuille de libération. Nous citons le fait pour montrer à quoi peut amener l'amour immodéré du réglement.

Eh bien, nous voudrions donc que chaque régiment de l'armée active fût composé d'hommes venant au moins de plusieurs départements. Passés dans une 1re réserve, ils seraient, en cas de rappel, versés au dépôt de la garnison la plus rapprochée ; sachant combien d'hommes se trouvent dans chaque département, il serait même facile de faire une répartition très-prompte. Enfin, pour la 2e réserve, composée ainsi d'hommes ayant tous servi, nous ne verrions pas d'inconvénient à reprendre le système actuel de la mobile ; mais les cadres de chaque compagnie, sauf le capitaine, ne devraient jamais être du même canton que les hommes. Telles sont nos impressions esquissées à grands traits. Nous les indiquons, car nous croyons du devoir de chacun de le faire. Mais nous nous engageons bien volontiers à approuver sans réserve le système, quel qu'il soit, qui nous amènera le jour de la revanche.

Vicomte DE LA TOUANNE.

Le Mans, 18 septembre 1871.

2e ARMÉE DE LA LOIRE

Général **CHANZY**

16e CORPS	1re DIVISION
Amiral **Jaureguiberry**	Général **Deplanque**

1re BRIGADE
Colonel **Ribell**

33e RÉGIMENT DE MOBILES (Sarthe)

Lieutenant-Colonel :

DE LA TOUANNE (Henri), ✻, 28 août 1870. Blessé le 2 décembre 1870, à Loigny.

Commandants :

DE MUSSET (Georges), ✻, 4 août 1870. Cheval tué sous lui le 2 décembre 1870, à Loigny;
DE LENTILHAC (Gaston), ✻, 4 août 1870;
DE MONTESSON (Charles), ✻, 4 septembre 1870. Jambe cassée le 9 novembre 1870, à Coulmiers;
SIMONARD (Nicolas), ✻, 3 janvier 1871;
DE SABRAN (Elzéar), ✻, 15 février 1871.

Aides-Majors :

PLU (Alfred), 18 août 1870;
DE BEAUREPÈRE (Alfred), 18 août 1870;
DELAUNAY (Paul), 18 août 1870.

Aumôniers :

MM. MORANCÉ (Charles-Louis), ✻;
NOUÉ (Jacques).

Capitaines :

3e *bat.* — MARTIN (Marius), ✻, 14 août 1870;
2e *bat.* — VÉTILLART (Joseph), ✻, 14 août 1870; Blessé à la jambe, le 7 décembre 1870, à Josnes;
2e *bat.* — CHARTIER (Michel), 14 août 1870. Passé dans l'intendance le 25 décembre 1870;
3e *bat.* — POPIN (Henri), 14 août 1870. Démissionnaire en mars 1871;
2e *bat.* — FLEURIET (Emmanuel, 14 août 1870. Démissionnaire en mars 1871;
3e *bat.* — DE MONTLIBERT (Eugène), 14 août 1870;
3e *bat.* — DU LUART (Robert), ✻, 14 août 1870;
1er *bat.* — DE FOLLIN DE VEZIN (Edmond), 14 août 1870;
1er *bat.* — DU RIVAU (Charles), ✻, 14 août 1870;
1er *bat.* — DE JUIGNÉ (Henri), ✻, 14 août 1870. Blessé le 9 novembre, à Coulmiers;
2e *bat.* — COUTURIÉ (Henri), ✻, 14 août 1870;
2e *bat.* — DE CHENAY (Arthur), 28 août 1870;
3e *bat.* — DUBOYS D'ANGERS (Gaston), ✻, 28 août 1870;
1er *bat.* — TUAL (Henri), 29 août 1870;
2e *bat.* — LEGOULT (Michel), 9 septembre 1870;
1er *bat.* — BOMER (Henri), 12 septembre 1870;
3e *bat.* — DU TROCHET (Albert), 23 octobre 1870;

2e *bat.* — BOULAY (Adolphe), 2 novembre 1870;

1er *bat.* — DE LUYNES (Charles), 2 novembre 1870. Tué à l'ennemi à Loigny, le 2 décembre 1870;

3e *bat.* — DE GRANDVAL (Raoul), 23 décembre 1870;

1er *bat.* — TESSIER (Paul), 23 décembre 1870;

2e *bat.* — DE FOUQUET (Louis), 4 février 1871;

1er *bat.* — ROBIN (Charles), 27 février 1871.

Lieutenants :

3e *bat.* — ROUSSEAU (Pierre), ✻, 14 août 1870. Coup de feu à la main le 9 novembre, à Coulmiers; contusionné le 8 décembre 1870, à Villorceau;

3e *bat.* — DE NICOLAÏ (Roger), ✻, 14 août 1870;

2e *bat.* — DE SOMMYEVRE (Victor), 14 août 1870;

3e *bat.* — DE CHAVAGNAC (Maurice), 14 août 1870;

2e *bat.* — DE LA MARTRAYE (Georges), 14 août 1870;

2e *bat.* — DEFORGES (Auguste), 14 août 1870;

3e *bat.* — JOLY (Arthur), 14 août 1870. Blessé le 15 janvier; retraité; avait dû passer dans l'intendance;

3e *bat.* — DE JUMILHAC (Armand), 14 août 1870;

1er *bat.* — DE LAMENDÉE (Alphonse), 14 août 1870. Tué à l'ennemi le 9 novembre, à Coulmiers;

1er *bat.* — HOUDEMON (Louis), 14 août 1870;

3e *bat.* — ROBERT (Edmond), ✻, 24 août

1870. Blessé à la jambe le 9 novembre 1870, à Coulmiers.

1er *bat.* — NICOLAS (Paul), 26 août 1870;

1er *bat.* — CHAUVEAU (Léon), 26 août 1870;

1er *bat.* — DE BASTARD D'ESTANG, ✻, 27 août 1870. Contusionné le 9 novembre, à Coulmiers; mis hors cadres comme officier d'ordonnance (décision ministérielle du 2 janvier 1871);

1er *bat.* — THORÉTON (Edmond), 12 septembre 1870 (officier d'habillement);

2e *bat.* — MONTAROU (Alexandre), 12 septembre 1870;

2e *bat.* — LEROYER DE LAMOTTE, 5 octobre 1870;

1er *bat.* — POCHÉ (Adolphe), ✻, 25 octobre 1870. Contusionné le 9 novembre, à Coulmiers; le 2 décembre, à Loigny; le bras cassé par un coup de feu le 8 décembre, à Villorceau;

3e *bat.* — MALLET (Dominique), 23 décembre 1870. Contusionné le 2 décembre, à Loigny;

1er *bat.* — FRIN DE SAINT-GERMAIN (Prospor), 23 décembre 1870;

2e *bat.* — POIRIER (Denis), 23 décembre 1870;

2e *bat.* — DENEAU (Jules), ✻, 23 décembre 1870. Contusionné le 9 novembre à Coulmiers;

1er *bat.* — LEVACHER (Louis), 4 février 1871;

2e *bat.* — LEMEUNIER (Albert), ✻, 4 février 1871. Contusionné le 15 janvier 1871, à Saint-Jean-sur-Erve;

1er *bat.* — AVICE (Gustave), 27 février 1871.

Sous-Lieutenants :

3e *bat.* — BOULART, ✻, 14 août 1870. Blessé le 9 novembre, à Coulmiers;

1er *bat.* — DE BATTINE (Rodolphe), ✻, 14 août 1870. Blessé le 9 novembre, à Coulmiers;

3e *bat.* — DE CHAVAGNAC (Xavier), ✻, 14 août 1870. Blessé de deux coups de feu le 8 décembre, à Villorceau;

3e *bat.* — DE JUMILHAC (Marcel), 14 août 1870. Mort des fatigues de la campagne ;

1er *bat.* — MONTERNIER (Georges), 14 août 1870. Blessé le 8 décembre 1870, à Villorceau ;

1er *bat.* — DE CHEVREUSE (Paul), ✻, 18 août 1870. Blessé le 9 novembre 1870, à Coulmiers;

3e *bat.* — GRUAU (Paul), 24 août 1870;

2e *bat.* — MOINE (Ambroise), 12 septembre 1870 (officier payeur) ;

2e *bat.* — MORIN (Louis), 6 octobre 1870 ;

1er *bat.* — MONTERNIER (Louis), 21 octobre 1870 ;

1er *bat.* — GUILVART (Alphonse), 27 octobre 1870;

3e *bat.* — RINJART (Fernand), 27 octobre 1870;

1er *bat.* — BEAUSSANT (Félix), 13 novembre 1870;

2e *bat.* — JACQUOT (Louis), 23 décembre 1870 ;

1er *bat.* — SORIN (Clément), 23 décembre 1870 ;

3e *bat.* — BOHINEUST (Henri), 23 décembre 1870;

1er *bat.* — BOUTTEVIN (William), 23 décembre 1870 ;

1er *bat.* — MARCHAND (Lucien), 23 décembre 1870 ;
3e *bat.* — GOUDEAU (Georges), 23 décembre 1870 ;
2e *bat.* — ODILLART (Lucien), 3 janvier 1871 ;
2e *bat.* — ROZIER (Auguste), 4 février 1871 ;
3e *bat.* — GUILMET (Félix), 4 février 1871 ;
2e *bat.* — MONTREUL (Ludovic), 27 février 1871.

RÉCOMPENSES

ACCORDÉES AUX SOUS-OFFICIERS, CAPORAUX ET MOBILES

—

Par décret du 17 novembre 1870, des mentions honorables sont accordées aux militaires dont les noms suivent :

Panchet (Eugène), sergent. Une blessure.
Cormier, sergent. Une blessure ;
Coutelles (Louis), caporal. Une blessure (mort des suites) ;
Mautouchet, caporal. Deux blessures.

Par décret du 9 janvier 1871, la médaille militaire est accordée aux militaires dont les noms suivent :

Cormier, sergent. Une blessure, 9 novembre 1870 ;
Debrard, sergent ;
Mautouchet, caporal. Deux blessures, 9 novembre 1870 ;

Boitelle, caporal ;

Girard (Pierre). Blessé le 9 novembre 1870 ;

Poterie (Auguste). Blessé le 9 novembre 1870 ;

Beaufils (Victor). Blessé le 9 novembre 1870.

Par décret du 28 février 1871, la médaille militaire est accordée aux militaires dont les noms suivent :

Lepelletier, sergent-major. Une blessure, 12 janvier 1871 (mort des suites).

Fontenay, mobile.

Par décret du 8 mai 1871, la médaille militaire est accordée aux militaires dont les noms suivent :

Derré, adjudant ;

Baligant, sergent ;

Beunardeau (Alex.), sergent ;

Vadé, sergent ;

Gérard, sergent. Blessé le 15 janvier ;

Davoust, sergent. Contusionné le 8 décembre 1870 ;

Gauclin, mobile.

Par décret du 30 juillet 1871, la médaille militaire est accordée aux militaires dont les noms suivent :

Lebouc, sergent-major. Blessé le 8 décembre 1870 (amputé) ;

Bioche (Alfred), sergent-fourrier. Blessé le 2 décembre 1870 ;

Blin (Julien), sergent. Blessé le 8 décembre 1870;

Coupeau (Léon), sergent-fourrier. Blessé le 8 décembre 1870;

Remy (Laurent), sergent. Blessé le 8 décembre 1870;

Fouque (Edouard), caporal clairon;

Beaufils (François), mobile. Blessé le 9 novembre 1870;

Louvet, mobile. Blessé le 2 décembre 1870 (amputé);

Gasnot (Eugène). Blessé le 2 décembre 1870.

PERTES DU RÉGIMENT

Le régiment avait perdu 1,000 à 1,100 hommes atteints par le feu de l'ennemi.

2 officiers avaient été tués; 1 était mort des fatigues de la campagne; 19 blessés, dont quelques-uns, comme MM. Poché et Rousseau, contusionnés à différents combats.

La bataille de Coulmiers nous avait coûté 250 hommes;

Les journées de Villepion, de Loigny, 300 hommes;

La retraite sur Vendôme, les combats de Josnes, de Villorceau et la retraite sur Le Mans, 300 hommes;

Les combats du Mans, la retraite sur Laval, 150 à 200 hommes.

1,300 hommes revenaient sur 3,600 partis le 5 octobre;

200 à 300 hommes environ avaient été faits prisonniers;

Les autres étaient dans les hôpitaux où avaient été dirigés sur d'autres corps.

Officiers tués et blessés pendant la campagne :

De Luynes (Charles), capitaine, tué le 2 décembre 1870, à Loigny;

De Lamendée (Alphonse), lieutenant, tué le 9 novembre 1870, à Coulmiers;

De Jumilhac (Marcel), sous-lieutenant, mort à Laval des fatigues de la campagne.

Blessés :

De la Touanne, lieutenant-colonel, blessé le 2 décembre, à Loigny;

De Montesson (Charles), chef de bataillon, jambe cassée le 9 novembre, à Coulmiers;

De Juigné (Henri), capitaine, blessé le 9 novembre, à Coulmiers;

Vétillart (Joseph), capitaine, blessé le 7 décembre, à Josnes;

Robert (Edmond), lieutenant, blessé le 9 novembre;

Rousseau (Pierre), lieutenant, blessé le 9 novembre, contusionné le 8 décembre;

Poché (Adolphe), lieutenant, contusionné le 9 novembre et le 2 décembre, blessé le 8 décembre;

Deneau (Jules), lieutenant, contusionné le 9 novembre ;

Mallet (Dominique), lieutenant, contusionné le 2 décembre ;

De Bastard (François), lieutenant, contusionné le 9 novembre ;

Lemeunier (Albert), lieutenant, contusionné fortement le 15 janvier ;

Joly (Arthur), lieutenant, blessé le 15 janvier ;

De Battine (Rodolphe), sous-lieutenant, blessé le 9 novembre ;

Boulart, sous-lieutenant, blessé le 9 novembre ;

De Chevreuse (Paul), sous-lieutenant, blessé le 9 novembre ;

De Chavagnac (Xavier), sous-lieutenant, blessé le 8 décembre ;

Monternier (Georges), sous-lieutenant, blessé à la tête le 8 décembre.

Nous croyons répondre au désir général en établissant, par bataillon et par compagnie, une liste aussi exacte que possible des hommes tués, blessés et disparus. — Il est probable que, malgré nos efforts et nos recherches, il s'y glissera des erreurs et des oublis. La classification des hommes disparus est surtout fort difficile à établir, beaucoup d'hommes n'ayant laissé aucune trace. Dans le département du Loiret, nous avons recueilli de précieux et nombreux renseignements. Nous recevrons toujours avec reconnaissance tous ceux de nature à rectifier et à compléter ces recherches, hélas ! si douloureuses.

ÉTAT-MAJOR

De la Touanne, lieutenant-colonel, blessé le 2 décembre 1870;

De Lentilhac (Gaston), commandant, fait prisonnier, le 15 janvier 1871, en accomplissant une mission périlleuse;

De Montesson (Charles), commandant, jambe cassée le 9 novembre 1870;

De Musset (Georges), commandant, un cheval tué sous lui le 2 décembre 1870 ;

Delaunay (Paul), aide-major au 2e bataillon, rentré épuisé, mort en octobre 1871.

Premier Bataillon

Première Compagnie

Hommes tués ou morts des suites de leurs blessures :

Gauquelin (François), 9 novembre 1870;

Malard (Joseph), 9 novembre 1870;

Alain (François), caporal, 9 novembre 1870;

Roulier (Adolphe), mort à Orléans, 25 novembre 1870;

Leclerc (René), sergent-major, épuisé, mort, 2 janvier 1871;

Lepeltier, sergent-major, 12 janvier 1871.

Hommes blessés :

Leclerc (François), caporal, 9 novembre 1870 ;
Robin (Alphonse), 9 novembre 1870 ;
Roulier (Adolphe), 9 novembre 1870 ;
Fortin (Joseph), 9 novembre 1870 ;
Durand (Louis), 9 novembre 1870 ;
Legeay (Henri), 9 novembre 1870 ;
Péan (Pierre), 9 novembre 1870 ;
Paulmerie (Alex.), 9 novembre 1870 ;
Dubois (Eugène), 9 novembre 1870 ;
Lubineau (Louis), caporal, 2 décembre 1870 ;
Pinot (Auguste), 2 décembre 1870 ;
Huart (Gervais), 2 décembre 1870 ;
Morillon (Auguste), 2 décembre 1870 ;
Lemoine (Victor), 2 décembre 1870.

Hommes disparus :

Bruon (Joseph), sergent ;
Cognet (Auguste) ;
Lemonnier (Arsène) ;
Leroux (Auguste).

2e Compagnie

Hommes tués ou morts des suites de leurs blessures :

M. De Lamendée (Alphonse), officier, tué à l'ennemi, 9 novembre 1870 ;
Esnault (Emile), caporal, 9 novembre 1870 ;
Briollière (Philippe), 9 novembre 1870 ;
Letielleux (Louis), 9 novembre 1870 ;
Hérisson (Auguste), amputé, mort à Orléans, 30 novembre 1870 ;
Breton (Raymond), 9 novembre 1870 ;

Péchard (Pierre), 9 novembre 1870;
Arthur (François), mort à Epieds, 17 novembre 1870;
Hulin (Louis), mort à Orléans;
Gousselin (Alphonse), mort à Epieds;
Leblois, sergent-major, 2 décembre 1870;
Hiré, 2 décembre 1870;
Odiau, 2 décembre 1870;
Gaudin (Henri), 8 décembre, mort le 17 à Beaugency;
Cottar (Jean), mort le 16 décembre à Beaugency.

Hommes blessés :

M. de Battine (Rodolphe), officier, 9 novembre 1870;
Schreiber (Auguste), 9 novembre 1870;
Richard (René), 9 novembre 1870;
Chauvin (Félix), 9 novembre 1870;
Girard (Pierre), 9 novembre 1870;
Hérisson (Victor), 9 novembre 1870;
Vincent (Isidore), 9 novembre 1870;
Pichard (Henri), 9 novembre 1870;
Garreau (Louis), 9 novembre 1870;
Avice (Joseph), 9 novembre 1870;
Boulefray (René), 9 novembre 1870;
Bechu (Guillaume), 9 novembre 1870;
Thorée (François), 9 novembre 1870;
Choin (Théodore), 9 novembre 1870;
Davout (J.-B.), sergent, 9 novembre 1870;
Gillot, sergent, 2 décembre 1870;
Huanz, 2 décembre 1870;
Cailleau, 2 décembre 1870;
Jagguelin, 2 décembre 1870;

Pichard, 2 décembre 1870 ;
Lasne, 2 décembre 1870 ;
Dreux, 2 décembre 1870 ;
Reguier, 2 décembre 1870 ;
Chevet, 2 décembre 1870 ;
Coubart, 2 décembre 1870 ;
Lebrun, 2 décembre 1870 ;
Hamart, 2 décembre 1870 ;
Béclard, 2 décembre 1870 ;
Ligné (Louis), 8 décembre 1870 ;
Esnault (Henri), 12 janvier 1871.

Hommes disparus :

Pichard ;
Toureau (René) ;
Bobelet.

3e Compagnie

Hommes tués ou morts des suites de leurs blessures :

Moreau (Louis), 9 novembre 1870.

Hommes blessés :

Fauveau (Jean), 9 novembre 1870 ;
Lebois (Pierre), 9 novembre 1870 ;
Audiau (Martin), sergent, 2 décembre 1870 ;
Dupuis (Lucien), sergent, 2 décembre 1870 ;
Renoult (René), 2 décembre 1870 ;
Plaçais (Cyprien), 2 décembre 1870 ;
Fusil (Charles), 2 décembre 1870 ;
Fronto (René), 2 décembre 1870 ;
Coutable (François), 2 décembre 1870 ;
Snet (Henri), 2 décembre 1870 ;
Brard (Lionard), 2 décembre 1870 ;

Hérivault, 2 décembre 1870;
Brossier, 2 décembre 1870;
Guy (Abel), 2 décembre 1870;
Lahaye (Pierre), 2 décembre 1870;
Blond, 2 décembre 1870;
Jorreau, 2 décembre 1870;
Plaçais (Henri), 2 décembre 1870.

Hommes disparus :

Mahou, disparu le 9 décembre 1870;
Cartereau (François), fait prisonnier;
Landais (Joseph), fait prisonnier;
Barro (Alfred), caporal, fait prisonnier;
Aurial (Louis), fait prisonnier;
Bourget, fait prisonnier;
Brocherie (Théodore), fait prisonnier;
Bellanger (Charles), fait prisonnier;
Delaporte (René), fait prisonnier;
Chaufour (Julien), fait prisonnier.

4e Compagnie

Hommes tués ou morts des suites de leurs blessures :

M. de Luynes (Charles), capitaine, tué à l'ennemi le 2 décembre 1870;

Bonnaire (Prosper), caporal, 9 novembre 1870;

Papin (Arsène), 9 novembre 1870;
Patois (Julien), 2 décembre 1870;
Bruon (Louis), mort à Beaugency;
Remors (Louis), mort à Orléans.

Hommes blessés :

M. Poché, lieutenant, contusionné le 9 novembre et le 2 décembre 1870, blessé le 8 décembre 1870;

Panchet (Eugène), sergent, 9 novembre 1870;

Mollien (Pierre), 9 novembre 1870 ;
Leveau (Joseph), 9 novembre 1870;
Daze (Auguste), 9 novembre 1870;
Duveau, caporal, 2 décembre 1870 ;
Potier (Adolphe), 2 décembre 1870;
Mouche, 2 décembre 1870;
Leguy (Louis), 2 décembre 1870;
Cailleau (Pierre), 2 décembre 1870;
Seneré (Louis), 2 décembre 1870;
Hermange (Louis), 2 décembre 1870;
Herissé (Baptiste), 2 décembre 1870;
Bruon (Arsène), 2 décembre 1870;
Clairet, 10 décembre 1870.

Hommes disparus :

Panchet (Eugène), sergent, fait prisonnier, échappé;

Blaireau, sergent-fourrier, fait prisonnier;
Drouet, caporal ;
Boulefray ;
Fleureau, blessé;
Bellanger (René) ;
Guirault (Victor) ;
Lucas (Pierre).

5e Compagnie

Hommes tués ou morts des suites de leurs blessures :

Béard (Laurent), 9 novembre 1870;

Allard (François), 2 décembre 1870;
Mersenne (Alexis), 2 décembre 1870;
Millet (Célestin), 3 décembre 1870, à Terminiers;
Monnier (Yves), 10 janvier 1871;
Ferrand (Joseph), à Beaugency;
De Launay (Pierre), à Orléans;
Fouquet (Charles);
Chevalier (Joseph).

Hommes blessés :

M. Monternier (Georges), officier, 8 décembre 1870;
Compain (François), sergent, 9 novembre 1870;
Joubert (Louis), sergent, 9 novembre 1870;
Auger (Pierre), caporal, 9 novembre 1870;
Beldent (Pierre), 9 novembre 1870;
Brard (Louis), 9 novembre 1870;
Degoulet (Alex.), 9 novembre 1870;
Livet (Louis), 9 novembre 1870;
Termeau (François), 9 novembre 1870;
Chollet (Charles), 9 novembre 1870;
Goyer (Pierre), 9 novembre 1870;
Dupin (Louis), 2 décembre 1870;
Rocher (Alfred), 2 décembre 1870;
Chauché (François), 2 décembre 1870;
Houdayer (Pierre), 8 décembre 1870;
Ricosset (Jacques), 8 décembre 1870;
Desnos, caporal, 8 décembre 1870;
Menant (Gustave), caporal, 8 décembre 1870;
Lelarge (Hippolyte), 8 décembre 1870;
Carême (Julien), 8 décembre 1870;
Millet (Pierre), 8 décembre 1870;

Chanche, 8 décembre 1870;
Cador (Julien), 10 janvier 1871.

Hommes disparus :

Léon (Alex.), fait prisonnier le 2 décembre 1870 ;
Blin (Victor), disparu le 6 décembre 1870;
Dronne (Hilaire), le 6 décembre 1870;
Senet (Edouard), caporal, 8 décembre 1870;
Lebouc, caporal, 10 décembre 1870;

6e Compagnie

Hommes tués ou morts des suites de leurs blessures :

Drouard (François), 9 novembre, à Epieds;

Hommes blessés :

Rousseau (Jean), 9 novembre 1870;
Barrot (Frédéric), 9 novembre 1870;
Tourneux (Louis), 9 novembre 1870;
Rallet, 9 novembre 1870;
Joubert (Auguste), 9 novembre 1870;
Lebaillif, 2 décembre 1870;
Brion (François), 2 décembre 1870;
Lemore (Gustave), 2 décembre 1870;
Richard, 2 décembre 1870;
Moreau, sergent, 8 décembre 1870;
Lepron (Almire), sergent, 8 décembre 1870;
Bailleul, caporal, 8 décembre 1870;
Saudubray, caporal, 8 décembre 1870;
Vielle (Hilaire), 8 décembre 1870;
Nourry (Auguste), 8 décembre 1870;

Bonneau (Louis), 8 décembre 1870 ;
Gaudin (Alphonse), 8 décembre 1870 ;

Hommes disparus :

Bouteloup, 1er décembre 1870 ;
Oger (Eugène), 1er décembre 1870 ;
Bouteillier, 2 décembre 1870 ;
Boutemy, 2 décembre 1870 ;
Herin, 2 décembre 1870 ;
Cosnilleau, 8 décembre 1870 ;
Fresnaye, 8 décembre 1870 ;
Coutard, 8 décembre 1870 ;
Reveilchien (Louis), 8 décembre 1870.

7e *Compagnie*

Hommes tués ou morts des suites de leurs blessures :

Florenceau (Louis), 9 novembre 1870, à Epieds ;

Tonnelier, 9 novembre 1870 ;

Hersée (Louis), 9 novembre 1870 ;

Lelong, 9 novembre 1870 ;

Tessé (Jean), 2 décembre 1870 ;

Cormier, 8 décembre 1870 ;

Marçais, sergent-major, 9 novembre 1870, mort à Orléans le 21 novembre 1870 ;

Chédane (Louis), caporal, mort à Epieds le 12 novembre 1870 ;

Gasnier (Charles), mort à Orléans le 1er décembre 1870 ;

Bouteloup (Théod.), mort à Solesmes.

Hommes blessés :

M. de Juigné (Henri), capitaine, blessé le 9 novembre 1870 ;

De Bastard (François), lieutenant, contusionné le 9 novembre 1870 ;

Pénil (Michel), sergent, 9 novembre 1870 ;

Ragot (Henri), 9 novembre 1870 ;

Lemesle (Alex.), 9 novembre 1870 ;

Poterie (Aug.), 9 novembre 1870 ;

Feuvre (Joseph), 9 novembre 1870 ;

Leroy (Auguste), 9 novembre 1870 ;

Ruault (Etienne), 9 novembre 1870 ;

Besnard (François), 9 novembre 1870 ;

Chapon (Louis), 9 novembre 1870 ;

Daguerre (Etienne), 9 novembre 1870 ;

Beaupled (Auguste), 9 novembre 1870 ;

Hiver (Victor), 9 novembre 1870 ;

Lasne (Victor), 9 novembre 1870 ;

Lenoir (Louis), 9 novembre 1870 ;

Chadaigne (Aug.), 9 novembre 1870 ;

Termeau (Auguste), 9 décembre 1870 ;

Laurent (Remy), sergent, décembre 1870 ;

Salmon, décembre 1870 ;

Huet, décembre 1870 ;

Gallais, 8 décembre 1870 ;

Cureau, 8 décembre 1870.

Hommes disparus :

Operon (Edouard), 9 novembre 1870, supposé mort.

—

Deuxième Bataillon

Première Compagnie

Hommes tués ou morts des suites de leurs blessures :

Lauray (Alph.), 9 novembre 1870 ;
Pichard (Louis), 9 novembre 1870 ;
Lenoble (Almire), mort à Orléans, 28 novembre 1870 ;
Abot (Evariste), à Beaugency, 23 décembre 1870.

Hommes blessés :

Lambert (Louis), clairon, 9 novembre 1870 ;
Bazoge, 9 novembre 1870 ;
Moreau, 9 novembre 1870 ;
Terouinard, 9 novembre 1870 ;
Gagnerie, 9 novembre 1870 ;
Guittet (Joseph), 9 novembre 1870 ;
Leveau (Louis), 9 novembre 1870 ;
Bailly (Henri), 9 novembre 1870 ;
Hatet (François), 9 novembre 1870 ;
Tessier (Auguste), 9 novembre 1870 ;
Letertre (Adolphe), 9 novembre 1870 ;
Benoit, 2 décembre 1870 ;
Fouché, 2 décembre 1870 ;
Jupin, sergent, 7 décembre 1870 ;
Drouet, caporal, 8 décembre 1870 ;

Hommes disparus :

Boulvert, 7 décembre 1870 ;
Champdavoine, 9 décembre 1870 ;
Hulot, 10 décembre 1870.

2e Compagnie

Hommes tués ou morts des suites de leurs blessures :

Bourillon (Alf.), caporal, 9 novembre 1870 ;
Gaulupeau, 9 novembre 1870 ;
Lefebvre (Alexis), 2 décembre 1870 ;
Marquet ;
Tison (Louis), mort à Beaugency, 9 décembre 1870 ;
Chauvin (Almire), mort à Orléans, 6 décembre 1870 ;
Leproust (René), 30 décembre 1870 ;
Langlais (François), 12 janvier 1870 ;
Foulon (Pierre), 8 décembre 1870 ;
Rouillard, caporal, 8 décembre 1870, mort à Beaugency.

Hommes blessés :

M. Vétillart (Joseph), capitaine, 7 décembre 1870 ;
Cormier, sergent, 9 novembre 1870 ;
Tison (Armand), 9 novembre 1870 ;
Compain (Henri), 9 novembre 1870 ;
Lecornué (Louis), 9 novembre 1870 ;
Deaumau (Victor), 9 novembre 1870 ;
Cerbelle, 9 novembre 1870 ;
Morin, 9 novembre 1870 ;
Buon (René), 9 novembre 1870 ;
Letessier (Louis), 9 novembre 1870 ;
Delhommeau, 9 novembre 1870 ;
Bignon (Pierre), 1er décembre 1870 ;
Letourneau (Julien), 1er décembre 1870 ;
Pioger, caporal, 2 décembre 1870 ;

Lemoine (Anatole), 2 décembre 1870;
Rouillard, caporal, 8 décembre 1870;
Dezallais, 8 décembre 1870;
Bellanger, 8 décembre 1870;
David, 8 décembre 1870;
Laloue, 8 décembre 1870;
Poumier (Louis), 8 décembre 1870;
Lemoine (François), 8 décembre 1870.

Hommes disparus ou prisonniers :

Letessier (René), 2 décembre 1870, fait prisonnier;
Crochard (Victor);
Richard;
Roullier (Félix);
Piard, disparu à Mazangé, supposé mort;
Hercé, 12 janvier 1871;
Landier, 12 janvier 1871;
Leballeur, 12 janvier 1871.

3e Compagnie

Hommes tués ou morts des suites de leurs blessures :

Moreau, caporal;
Belland;
Salmon;
Hubert;
Riet;
Bedouet.

Hommes blessés :

Dumée, clairon, 9 novembre 1870;
Bonhomme, 9 novembre 1870;

Perrigne, 9 novembre 1870 ;
Cuvellier, 9 novembre 1870 ;
Dutertre, 9 novembre 1870 ;
Lamoureux, 9 novembre 1870 ;
Olivier, 9 novembre 1870 ;
Piron, 9 novembre 1870 ;
Pillet, 9 novembre 1870 ;
Bourmault, 9 novembre 1870 ;
Garreau, 9 novembre 1870 ;
Joachin, 1er décembre 1870 ;
Pomard, caporal, 2 décembre 1870 ;
Drouet, 2 décembre 1870 ;
Toussaint, 2 décembre 1870 ;
Péan, 2 décembre 1870 ;
Abot, 7 décembre 1870 ;
Bouttier (Jules) ;
Blin (Julien), sergent, 8 décembre 1870 ;
Besnard, 8 décembre 1870 ;
Delaroche, 8 décembre 1870 ;

Hommes disparus ou faits prisonniers :

Garault (Auguste) ;
Gouault ;
Mauchin ;
Sallet ;
Dumas, 2 décembre 1870 ;
Dubuart, fait prisonnier ;
Clément ;
Loriot, devenu fou ;
Gorget.

4e Compagnie

Hommes tués ou morts des suites de leurs blessures :

Blanchard, 9 novembre 1870 ;

Camus, sergent-fourrier, blessé le 2 décembre 1870, mort le 19 décembre ;
Maudet (Auguste), 2 décembre 1870 ;
Rouillard, caporal, 8 décembre 1870 ;
Hervé (Adrien), 8 décembre 1870 ;
Gerault (Marie) ;
Coutard (Henri), sergent, fait prisonnier, mort en captivité ;
Gohon (Jean), mort à Beaugency ;
Bellanger (Alexis), mort à Beaugency ;
Rebourcier (Joseph), à Villorceau.

Hommes blessés :

Beaufils (Victor), 9 novembre 1870 ;
Fouquet (Magloire), 9 novembre 1870 ;
Leroy (Louis), 9 novembre 1870 ;
Desert, 2 décembre 1870 ;
Léon (François), 2 décembre 1870 ;
Lemoine (Désiré), 2 décembre 1870 ;
Poirier (Charles), 2 décembre 1870 ;
Chauvin (Louis) ;
Tardif, caporal, 8 décembre 1870 ;
Thezé, caporal, 8 décembre 1870 ;
Chevreuil (Henri), 8 décembre 1870 ;
Cormaille, 8 décembre 1870 ;
Bellanger (Henri), 8 décembre 1870.

Hommes disparus ou faits prisonniers :

Coutard, sergent, fait prisonnier, mort en captivité ;
Lasne, fait prisonnier ;
Faribault (Louis), fait prisonnier ;
Cauchard (Paul), fait prisonnier ;
Lezé (Pierre), fait prisonnier ;

Bellanger (Henri), fait prisonnier;
Buon (Armand), 12 janvier 1871;
Thorée (Charles), 12 janvier 1871.

5e Compagnie

Hommes tués ou morts des suites de leurs blessures :

Porché (René), 9 novembre 1870;
Lassay (Julien), 1er décembre 1870;
Dupont (Louis), caporal, 2 décembre 1870;
Lepage (Jean), 8 décembre 1870;
Péan (Eugène).

Hommes blessés :

Beaufils (François), 9 novembre 1870;
Morin (François), 9 novembre 1870;
Hamelin (Jean), 9 novembre 1870;
Gouesse (Pierre), 9 novembre 1870;
Rousseau (Jules), 9 novembre 1870;
Cornilleau (Etienne), 9 novembre 1870;
Pichon (Armand), 1er décembre 1870;
Delais (Auguste), 1er décembre 1870;
Viel (Ludovic), 1er décembre 1870;
Donnet (René), 1er décembre 1870;
Bedouin (Victor), 1er décembre 1870;
Regnier (Constant), 1er décembre 1870;
Herrault (Casimir), 1er décembre 1870;
Blin (Constant), 1er décembre 1870;
Compar (Marin), 1er décembre 1870;
Maulny (Joseph), 2 décembre 1870;
Dangeard (Auguste), 8 décembre 1870;
Leboucher (Louis), 8 décembre 1870;
Aubin (Frédéric), 8 décembre 1870;
Cruchet (Frédéric), 8 décembre 1870;

Narras (François), 8 décembre 1870 ;
Hunault (Etienne), 8 décembre 1870 ;
Jouanneau (Alph.), 8 décembre 1870.

Hommes disparus :

Lemay (Constant) ;
Joly (Félix) ;
Guy (Alphonse), fait prisonnier le 2 décembre 1870 ;
Picouleau (Désiré), 8 décembre 1870 ;
Poupart (Pierre), 8 décembre 1870 ;
Chauvelier (Louis), 8 décembre 1870 ;
Madagascar, 8 décembre 1870 ;
Saillant (Clément), 8 décembre 1870 ;
Métairie, (Georges), 8 décembre 1870 ;
Bignon (Alfred), 8 décembre 1870 ;
Livet (Pierre), 15 janvier 1871 ;
Lemarchand (Henri).

6e Compagnie

Hommes tués ou morts des suites de leurs blessures :

Héron (Victor), 9 novembre 1870 ;
Laumonier (Eugène), 9 novembre 1870 ;
Vigroux (Albert), 9 novembre 1870, mort à Orléans le 17 janvier ;
Poignant (Joseph), 1er décembre 1870 ;
Boulay (Auguste), 8 décembre 1870 ;
Freulon (André), 8 décembre 1870 ;
Poisson (Louis), 8 décembre 1870 ;
Gasnier (Arsène), caporal, 8 décembre 1870 ;
Poirier (Eugène), mort à Blois ;
Rouillard (Auguste).

Hommes blessés :

M. Deneau (Jules), lieutenant, contusionné le 9 novembre 1870 ;

M. Lemeunier (Albert), lieutenant, contusionné le 15 janvier 1871 ;

Legouas (Pierre), clairon, 9 novembre 1870 ;
Tironneau (Auguste), 9 novembre 1870 ;
Divaret (Félix), 9 novembre 1870 ;
Garreau (Julien), 9 novembre 1870 ;
Gouault (Louis), 9 novembre 1870 ;
Deslandes (Louis), 9 novembre 1870 ;
Terpereau (Auguste), 1er décembre 1870 ;
Lambert (Louis), 1er décembre 1870 ;
Poilpré (Auguste) 1er décembre 1870 ;
Brindeau (Félix), 1er décembre 1870 ;
Lauzanne (Frédéric), 1er décembre 1870 ;
Garreau (Pierre), 2 décembre 1870 ;
Vérité (Pierre), 2 décembre 1870 ;
Chapelain, caporal, 2 décembre 1870 ;
Belloche, sergent, 2 décembre 1870 ;
Brunet (Eugène), 7 décembre 1870 ;
Saudubray (Auguste), 8 décembre 1870 ;
Letessier (Sébastien), 8 décembre 1870 ;
Salmon (Louis), 8 décembre 1870 ;
Garrault (Louis), 8 décembre 1870 ;

Letessier (Ernest), 8 décembre 1870, livret trouvé à Villorceau, probablement mort ;

Metais (Alexis), 8 décembre 1870 ;
Blin (Pierre), 8 décembre 1870 ;
Brunet (François), 8 décembre 1870 ;
Ronsin (François), 8 décembre 1870 ;
Hersée (Auguste), 8 décembre 1870 ;
Pohu, caporal, 8 décembre 1870 ;

Monchatre (Hippolyte), 8 décembre 1870;
Cordelet (Auguste), 8 décembre 1870;
Cornille (François), 8 décembre 1870, amputé;
Maingot (Auguste), 8 décembre 1870;
Lezé (René), 8 décembre 1870;
Crochard (Joseph), 8 décembre 1870;
Tournesac (Louis), 15 janvier 1871;
Leveau (Félix), 15 janvier 1871;
Renaudin (Victor), 15 janvier 1871.

Hommes disparus :

Roncière (Henri), 2 décembre 1870;
Johann (Eugène), 2 décembre 1870;
Paty (Jules), 2 décembre 1870;
Provost (Louis), 2 décembre 1870;
Lemaitre (Louis), 2 décembre 1870;
Lepeltier (Simon), 2 décembre 1870;
Terouin, 2 décembre 1870;
Lefort (Auguste), 8 décembre 1870;
Bouquet (Jules), 8 décembre 1870;
Janvier, sergent, fait prisonnier, retraite de Vendôme;
Chevillard (Emmanuel), fait prisonnier, retraite de Vendôme;
Cadix (Armand), fait prisonnier, retraite de Vendôme.

7e *Compagnie*

Hommes tués ou morts des suites de leurs blessures :

David (Lucien), sergent, 9 novembre 1870;
Pringault (Almire), 9 novembre 1870;
Dufeu (Henri), 9 novembre 1870;

Coutelle (Louis), caporal, 9 novembre 1870, amputé, mort à Orléans;

Lamboust (Jean), 8 décembre 1870;

Drouet (Alex.), 8 décembre 1870;

Crisnais (Louis), 8 décembre 1870, mort à Beaugency;

Buon (Pierre), 8 décembre 1870, mort à Orléans.

Hommes blessés :

Ragot (Isidore), 9 novembre 1870;

Cornu (François), 9 novembre 1870;

Corbion (Louis), 9 novembre 1870;

Gruau (Constant), 9 novembre 1870;

Garnier (Victor), 9 novembre 1870;

Morin (Ernest), 9 novembre 1870;

Thébault (Jean), 9 novembre 1870;

Coutelle (Flavien), 2 décembre 1870;

Domède (Julien), 2 décembre 1870;

Chauvellier (Eugène), 8 décembre 1870;

Martineau (Adolphe), 8 décembre 1870;

Fournier (Émile), 8 décembre 1870;

Luzu (Louis), 8 décembre 1870;

Garnier (Alph.), 8 décembre 1870;

Bioche (Alfred), sergent-fourrier, 8 décembre 1870;

Dupont (Eugène), caporal, 8 décembre 1870;

Bourgault (Eugène), caporal, 8 décembre 1870;

Allain, 29 octobre 1870.

Hommes disparus :

Bezannier (Prosper), caporal, 4 décembre 1870;

Rousseau (Victor);
Papillon (Julien);
Coutelle (Adrien);
Gagé (Auguste);
Tessier, sergent;
Vidie (Louis).

—

Troisième Bataillon

Première Compagnie

Hommes tués ou morts des suites de leurs blessures :

Hameau (Georges), sergent-major, blessé le 2 décembre 1870, mort le 6 à Orléans;
Pommier (Eugène), tué le 2 décembre 1870;
Lauger (Henri), caporal, blessé le 1er décembre 1870, mort à l'ambulance;
Aveline, blessé, mort à l'ambulance;
Chartrain (Alexandre), tué le 8 décembre 1870.

Hommes blessés :

De Chavagnac (Xavier), sous-lieutenant, 8 décembre 1870;
Dahuron (Léon), sergent, 9 novembre 1870;
Gremy (Isidore), 9 novembre 1870;
Vandelle (Léopold), 9 novembre 1870;
Haudebourg (Almire), 9 novembre 1870;
Loriot (Anatole), 9 novembre 1870;
Chevalier, 1er décembre 1870;
Huet (Prosper), 2 décembre 1870;
Huet, 2 décembre 1870;

Liberge, 2 décembre 1870;
Bonnard (Alexis), 2 décembre 1870;
Leproust (Adrien), 2 décembre 1870;
Coupeau, sergent-fourrier, 9 décembre 1870;
Chevalier (Henri), 8 décembre 1870;
Tuffier (Alexandre), 8 décembre 1870;
Bailleul (Léon), 8 décembre 1870;

2e Compagnie

Hommes tués ou morts des suites de leurs blessures :

De Jumilhac (Marcel), sous-lieutenant, mort à Laval;
Leprince (Pierre), 9 novembre 1870;
Jean (Etienne), 9 novembre 1870;
Pilate (Paul), 9 novembre 1870, mort à Orléans;
Lallier, mort à Orléans;
Bourdin, 1er décembre 1870;
Divaret, 1er décembre 1870;
Querin, fait prisonnier, mort en Prusse;
Hubert, fait prisonnier, mort en Prusse;
Delorme, 2 décembre 1870;
Boisnet, 2 décembre 1870.

Hommes blessés :

Gautier (François), 9 novembre 1870;
Vadé (Pierre), 9 novembre 1870;
Loison (Louis), 9 novembre 1870;
Boitelle (Ernest), 9 novembre 1870;
Durocq (Adolphe), 9 novembre 1870;

Provost (Ernest), 9 novembre 1870;
Charpentier (Guill.), 9 novembre 1870;
Tessier (Pierre);
Sassier;
Bazauge (Eugène);
Loriot (Henri);
Louvet (Alex.), 2 décembre 1870, amputé;
Touchard (Jules), 9 novembre 1870;
Jarry (Julien), 1er décembre 1870;
Benoist (Honoré), 1er décembre 1870;
Benoist (Emile), 2 décembre 1870;
Bojeau (François), 2 décembre 1870;
Bourgine, 2 décembre 1870;
Lecourt, 2 décembre 1870;
Ribot, 2 décembre 1870;
Lecomte, 2 décembre 1870;
Berthelot, 2 décembre 1870;
Thierry (Louis), 2 décembre 1870;
Gaignon, caporal, 2 décembre 1870;
Fortier, 8 décembre 1870;
Haloppé, 8 décembre 1870;
Gasnot (Eugène, 8 décembre 1870.

Hommes disparus ou faits prisonniers :

Tessier, sergent-major, fait prisonnier le 11 janvier (échappé);
Malard, caporal;
Piedor, caporal;
Deruet, caporal;
Lauger (Auguste);
Lefebvre (Auguste);
Bercy;
Charpentier;

Poirier (Julien);
Lhermitte (Marin);
Noiraut;
Bourlier (Norbert);
Goupil (Quentin);
Chevalier (Jules);
Damange (Lucien);
Sauvage;
Biard;
Lauger (François);
Rocton (Louis);
Jousselin;
Sausseraut;
Enault (Louis);
Blot (Louis);
Torchet (Arthur);
Hubert (André), mort;
Dreux (Ernest);
Fourmy (Alexis).

3e *Compagnie*

Hommes tués ou morts des suites de leurs blessures :

Froger (Alfred), 9 novembre 1870;
Dubois (Henri), 8 décembre 1870, mort à Orléans;

Hommes blessés :

Loiseau (Auguste), 9 novembre 1870;
Hervé (J.-B.);
Chesneau (Auguste), sergent, 1er décembre 1870;

Foucault (Gabriel), caporal ;
Milochau (Pierre), caporal ;
Roquin (Auguste), caporal ;
Renier (François), caporal ;
Dubois (Jean-Baptiste), 2 décembre 1870 ;
Picouleau (Léon), 2 décembre 1870 ;
Joubert (Louis), 2 décembre 1870 ;
Garnier (Auguste), 2 décembre 1870 ;
Guy (Bernard), 8 décembre 1870 ;
Lebouc (Henri), sergent-major, 8 décembre 1870, amputé.

Hommes disparus :

Faribault (Aug.), 2 décembre 1870,
Richard (Louis), 2 décembre 1870 ;
Chesneau (Henri), 2 décembre 1870 ;
Garnier (Joseph), 2 décembre 1870 ;
Lebouc (J.-B.), 2 décembre 1870 ;
Ardange (Louis), 4 décembre 1870 ;
Pichard (Henri), 8 décembre 1870 ;
Simon (Louis), 8 décembre 1870 ;
Gobille, 8 décembre 1870 ;
Boudevin, 8 décembre 1870 ;
Lepage, 8 décembre 1870.

4e Compagnie

Hommes tués ou morts des suites de leurs blessures :

Legeay (Louis), 9 novembre 1870 ;
Blot (Louis), 9 novembre 1870 ;
Duluard (Joseph), 9 novembre 1870 ;
Barbier (Ernest), 2 décembre 1870 ;

Papin (René), 2 décembre 1870;
Richard (Léon), 2 décembre 1870.

Hommes blessés :

Fourmy (Eugène, 9 novembre 1870;
Leveau (Jules), 9 novembre 1870;
Reveillard (François), 9 novembre 1870;
Boulay (Armand), 9 novembre 1870;
Trouvé (Julien), 9 novembre 1870;
Neveu (Julien), 9 novembre 1870;
Montarou (François), caporal, 2 décembre 1870;
Benoît (Auguste), 2 décembre 1870;
Hamelin (Prosper), 2 décembre 1870;
Auger (François), 2 décembre 1870;
Barbier (Auguste), 2 décembre 1870;
Fleureau (Ludovic), 2 décembre 1870;
Aubin (Louis), 2 décembre 1870.

Hommes disparus :

Papin (François);
Blondeau (Engène);
Poupain (Pierre);
Papin (Louis);
Bereau (Isidore);
Richard (Constant).

5e Compagnie

Hommes tués ou morts des suites de leurs blessures :

Crinière (Alph.), 9 novembre 1870;
Pinçon (François), 9 novembre 1870;

Monchatre (Auguste), 9 novembre 1870 ;
Ollivier (André), 9 novembre 1870 ;
Gagneau (Théodore) ;
Rocheteau (Victor) ;
Guyet (Marin) ;
Hardy (Louis) ;
Guerineau (René) ;
Callu (Louis).

Hommes blessés :

M. Robert, lieutenant, blessé le 9 novembre 1870 ;

Fugeray (Alph.), sergent, 9 novembre 1870 ;
Auriau (Prosper), 9 novembre 1870 ;
Bis (François), probablement mort ;
Baudoux (Magloire), 9 novembre 1870 ;
Boulay (Jean), 9 novembre 1870 ;
Bon (Pierre), 9 novembre 1870 ;
Drean (Julien) ;
Senault (François) ;
Terreau (Henri) ;
Véron (Prosper), décembre 1870, livret trouvé à Ormes ;
Busson (Joseph), décembre 1870 ;
Richome (Victor), décembre 1870 ;
Garnier (Auguste), décembre 1870 ;
Putaux (Jules), décembre 1870 ;
Guerineau (Auguste), décembre 1870 ;
Loiseau (Jean), décembre 1870 ;
Breton (Louis), décembre 1870 ;
Guilpin (René ou Félix), décembre 1870 ;
Gérard (François), décembre 1870 ;
Gaudin (Julien), décembre 1870 ;

Godefroi (Auguste), décembre 1870;
Picard (Pierre), décembre 1870;
Dohin (Jean);
Sergent (Paul), sergent.

Hommes disparus :

Paulain (Louis), caporal;
Boulard (Louis);
Banges (Louis);
Lebouc (Victor);
Gauvin (Clément);
Dubois (Alex.);
Coulon (Louis).

6e Compagnie

Hommes tués ou morts des suites de leurs blessures :

Bourgoing (Alph.), sergent-major, 9 novembre 1870;

Janvier (Louis), 9 novembre 1870;

Cochonneau (Jules), 9 novembre 1870, mort à Orléans le 17 novembre 1870;

Mercier (Louis), blessé le 1er décembre 1870, mort chez lui;

Lauge (Prosper), caporal.

Hommes blessés :

M. Mallet, lieutenant, contusionné le 2 décembre 1870;

Georget (Frédéric), caporal, 9 novembre 1870;

Jaffrain (Louis), 9 novembre 1870;

Pichot (Louis), 9 novembre 1870 ;
Dubreil (Louis), 9 novembre 1870;
Metais (Cyprien), 9 novembre 1870 ;
Garnier (Louis), 9 novembre 1870 ;
Evezard (Eugène), 9 novembre 1870;
Dubois (Prosper), 9 novembre 1870 ;
Mautouchet (Henri), caporal, 9 novembre 1870;
Mauduit (Jean), 9 novembre 1870 ;
Foreau (Jules), 9 novembre 1870;
Besnier (François), 9 novembre 1870 ;
Dorisse (Louis), 1er décembre 1870 ;
Cartereau (Narcisse), sergent, 2 décembre 1870 ;
Boussard (Louis), 2 décembre 1870 ;
Bouttier (Alphonse), 2 décembre 1870 ;
Levillain (Louis), 2 décembre 1870.

Hommes disparus :

Meunier (Jules) ;
Ricosset (Paul).

7e Compagnie

Hommes tués ou morts des suites de leurs blessures :

Massot (Alex.), 9 novembre 1870 ;
Huger (Prosper), caporal, 9 novembre 1870;
Bouttier (Jacques), 9 novembre 1870;
Fresneau (Auguste), 9 novembre 1870 ;
Dubray (Albert), 9 novembre 1870, mort à Orléans.

Hommes blessés :

M. Rousseau (Pierre), lieutenant, blessé le 9 novembre 1870, contusionné le 2 décembre 1870;

M. Boulard (Ad.), sous-lieutenant, blessé le 9 novembre 1870;

Savignard (Louis), 9 novembre 1870;
Chollet (Etienne), 9 novembre 1870;
Bernard (Louis), 9 novembre 1870;
Colas (Antoine), 9 novembre 1870;
Legeay (Jacques), caporal, 9 novembre 1870
Viau (Philogène), 9 novembre 1870;
Aubry (Samuel), 9 novembre 1870;
Lecomte (François), 9 novembre 1870;
Busson (Isidore), 9 novembre 1870;
Lusson (Mathurin), 9 novembre 1870;
Guettier (Auguste), 9 novembre 1870;
Posson (Alexis), décembre 1870;
Carreau (Adolphe), décembre 1870;
Bouffetière (Jean), décembre 1870;
Bagland (Louis), décembre 1870;
Moulinet (Emile), décembre 1870;
Lafresnaye (Edouard), décembre 1870.

Hommes disparus :

Mauclair (Julien);
Forgeas (Julien);
Penard (Louis);
Fontaine (Alphonse);
Bouttard (Adolphe);
Rousseau (Auguste);
Fougeray (Florentin);
Renvaze (Louis).

Il faut ajouter aux listes précédentes les noms suivants. — Faute de renseignements suffisants, il n'a pas été possible de les classer dans leurs compagnies respectives, quoiqu'ils appartinssent au 33e, d'après les déclarations faites par eux aux hôpitaux et aux commissions de réforme.

Hommes morts des suites de leurs blessures :

Milon (René), mort le 15 novembre 1870, à Orléans ;

Chalopin (Louis), mort le 18 novembre 1870, à Orléans ;

Courer (Emile), mort le 18 novembre 1870, à Orléans ;

Herrez (Auguste), mort le 21 novembre 1870, à Orléans ;

Léger (Louis), mort le 28 novembre 1870, à Orléans ;

Réveille, mort le 9 novembre 1870, à Coulmiers ;

Rondeau (Mathurin), mort le 30 novembre 1870, à Orléans ;

Besnard (Jean-Auguste), mort le 24 novembre 1870, à Orléans ;

Prevost (Ernest), mort le 1er décembre 1870, à Orléans ;

Cruché (Julien), mort le 3 décembre 1870, à Orléans ;

Poirier, caporal, mort le 5 décembre 1870, à Orléans;

Ussé (François), mort le 4 décembre 1870, à Beaugency;

Gosse (Augustin), mort le 7 décembre 1870, à Orléans;

Gautier (Julien), mort le 8 décembre 1870, à Meung;

Gouault (Augustin), mort le 8 décembre 1870, à Orléans, 6e compagnie du 3e bataillon;

Ory (René), mort le 8 décembre 1870, à Orléans;

Bigot (Henri), mort le 8 décembre 1870, à Orléans;

Thouraut (Jean), mort le 11 décembre 1870, à Orléans;

Pousse (Pierre), mort le 18 décembre 1870, à Orléans;

Lachaud (Pierre), mort le 22 décembre 1870, à Orléans;

Conrad (Berteing), mort le 25 décembre 1870, à Orléans;

Gautereau, mort le 30 décembre 1870, à Orléans;

Bertrand (Alcide), mort le 31 décembre 1870, à Orléans;

Feissier (Henri), blessé le 2 décembre 1870, mort le 13 décembre 1870, à Terminiers;

Bellanger (François), mort le 14 décembre 1870, à Beaugency;

Meillant (René-Auguste), mort le 16 décembre 1870, à Beaugency;

Léger (Henri), mort le 30 décembre 1870, à Beaugency;

Reau (Julien), mort le 10 janvier 1871, à Beaugency;

Benou (Louis), mort le 8 janvier 1871, à Beaugency;

Ledru (Joseph), mort le 5 janvier 1871, à Orléans;

Foulard (Adolphe), mort le 9 janvier 1871, à Orléans;

Varès (Ernest), mort le 14 janvier 1871, à Orléans;

Daboineau, mort le 7 janvier 1871, à Orléans;

Meche (Julien), mort le 14 janvier 1871, à Orléans;

Paulain (Jules-Louis), mort le 27 janvier 1871, à Orléans;

Renoir (Auguste), mort le 23 février 1871, à Orléans;

Souchu (Joseph), mort le 31 mars 1871, à Orléans.

Hommes blessés qui se sont présentés au conseil de réforme :

Allain (François), blessé le 9 novembre 1870, obus à la cuisse droite;

Bardet, blessé le 2 décembre 1870, balle à la main gauche;

Beaugé (Louis), blessé le 2 décembre 1870, balle au bras droit;

Bois (Pierre), blessé le 9 novembre 1870, balle à la jambe gauche;

Besnier ;

Bourdin (Léonce);

Busson (Jean);

Cureau, blessé le 8 décembre 1870, balle à la cuisse gauche ;

David (Louis), congélation ;

Emilie (Prosper);

Fourmy (Eugène), blessé le 9 novembre 1870, blessé à l'épaule droite ;

Fouquet (Célestin), congélation;

Foucaut, blessé le 1er décembre 1870, balle au pied droit;

Gaignon, blessé le 2 décembre 1870, balle à la jambe gauche;

Gravier, blessé le 8 décembre 1870, trois coups de feu à la poitrine et aux jambes;

Huot (Urbain), blessé le 8 décembre 1870, balle à la cuisse droite;

Hermenault, blessé le 8 décembre 1870, balle au bras droit;

Hays, blessé le 8 décembre 1870, balle au pied, 1er bataillon (?);

Jarry (Julien), blessé le 8 décembre 1870, obus au genou droit;

Léger;

Loison (Pierre), balle à la tempe;

Leroux (Alex.), blessé le 8 décembre 1870, balle à la jambe droite ;

Liberge, blessé le 8 décembre 1870, balle à la main gauche, 3e bataillon (?);

Mignot, blessé à l'oreille ;

Marchand, blessé le 12 janvier 1871, balle à la jambe gauche ;

Peigné, blessé le 8 décembre 1870, balle à la cuisse droite, 1er bataillon ;

Ripaut, blessé le 8 décembre 1870, balle à la main droite ;

Ribuassé, blessé le 12 janvier 1871, balle à la cuisse gauche ;

Richard (Constant), éclat d'obus, 1er bataillon (?) ;

Soreau (Vincent), blessé le 2 décembre 1870, balle à la poitrine et à l'épaule gauche ;

Vincent (Isidore) ;

Hucheloup (Louis), blessé le 8 décembre 1870, balle à la main gauche ;

Lemoine (Anatole ou Désiré).

Livrets retrouvés appartenant à des hommes disparus :

Collet (René), à Cravant (Loiret) ;

Guy, à Cravant (Loiret) ;

Lemore (Léon-René), d'Avézé, à Ormes (Loiret) ;

Letessier (Ernest), n° 3,660, à Villorceau (Loiret) ;

Pointoire (Alex.-François), n° 7,844, à Villorceau (Loiret).

Pièce justificative N° 1

INTÉRIEUR A MESSIEURS LES PRÉFETS

Paris, 12 *août* 1870.

De concert avec le Ministre de la Guerre, je vous charge de l'organisation des gardes mobiles, y compris la classe 1869.

Télégraphiez ou envoyez immédiatement ordonnance ou estafette dans chaque commune. Les maires annonceront centralisation immédiate des mobiles aux chefs-lieux de département ou d'arrondissement. Pourvoyez d'urgence à leur logement provisoire chez l'habitant. Laissez soutiens de famille dans leurs foyers. Faites revue de départ très-rapide, mais sévère pour exemption à cause d'infirmités, avec médecin, officier supérieur que désignera le général et officier de gendarmerie. Nous ne voulons que des hommes très-solides. Indiquez-moi nombre exact de ces hommes prêts à partir par le télégraphe dès que vous le connaîtrez.

L'uniforme sera : blouse avec ceinture en cuir, avec galon rouge en croix sur la manche, sac en toile avec bretelles et un képi.

Dites-moi si vous pouvez vous procurer des effets chez vous en trois ou quatre jours. — Serait très-préférable à un envoi de Paris qui entraînerait lenteurs et serait peut-être impossible.

Les cadres recevront tunique en drap aux lieux de rassemblement. Chaque homme se pourvoira de *deux chemises et d'une paire de souliers*. Solde provisoire, un franc par jour.

Délivrez mandat pour trois jours à la fois aux commandants qui répartiront entre capitaines. Mobiles vivant à l'ordinaire.

Exercez provisoirement aux fusils que pompiers prêteront volontiers. Action patriotique. Cent fusils peuvent exercer cent hommes de 5 heures à 7 heures matin, cent autres de 7 à 9, ainsi de suite.

Occupez-vous jour et nuit de cette organisation. Je vous indiquerai lieu définitif de rassemblement de mobiles où l'on délivrera les armes.

Pour le Ministre de l'Intérieur,
Léon CHEVREAU.

Pièce justificative N° 2

PROTESTATION DES OFFICIERS DE LA GARDE NATIONALE MOBILE AU SUJET DES ÉLECTIONS

Les soussignés ont l'honneur de transmettre à Monsieur le Préfet de la Sarthe la protestation suivante décidée à l'unanimité.

Pour la plupart volontaires, ne relevant que de la garde sédentaire, ils avaient été nommés officiers par décrets réguliers, dont plusieurs même postérieurs au 4 septembre. Ils avaient repris leurs épées pour défendre le pays attaqué; mais, s'ils étaient fiers de partager les dangers et les fatigues de l'armée active, tous aussi entendaient partager la discipline et les réglements qui en ont fait la plus belle armée du monde. Du reste, c'était la loi.

Aujourd'hui, une mesure funeste, inspirée par des considérations plus ou moins spécieuses pour certaines localités, mais sans aucune justification pour la plus grande partie de la France, est venue les atteindre dans leurs droits et les blesser au cœur. C'est par patriotisme seulement qu'ils s'y sont soumis; mais officiers régulièrement nommés, réélus pour la plupart à l'unanimité, ils viennent protester hautement contre un pareil principe et dire qu'ils ne peuvent l'accepter. Ils entendent reprendre, dès aujourd'hui, tous les réglements de l'armée, tant pour les vacances dans le corps des officiers que pour les nominations des sous-officiers. Aucun capitaine ne voudrait, en effet, prendre la responsabilité de l'administration d'un sergent-major et d'un fourrier qui lui auraient été imposés.

Ils espèrent que leur voix sera écoutée; mais, si le Gouvernement croyait devoir persévérer dans une marche qui, à leurs yeux, amènerait inévitablement la désorganisation complète de la force la plus vitale et la plus nombreuse de leur cher pays, ils se verraient forcés de laisser à d'autres la triste mission de désorganiser ce qu'ils avaient édifié avec tant de peine, au milieu de tant de difficultés, ce qu'ils ne pourront soutenir, grâce à l'ébranlement causé, qu'à force d'énergie, de patience et de dévouement.

Le Mans, ce 20 septembre 1870.

—

Pièce justificative N° 3

ARMÉE DE LA LOIRE — ORDRE DU 15 OCTOBRE 1870

Le général Tripart, par ordre du Ministre, se rendant le 16 octobre à Blois avec sa brigade, invite les chefs de corps des troupes à pied à redoubler de zèle, à s'inspirer des circonstances que nous traversons et du haut sentiment du devoir qui doit animer tout bon soldat.

Ils s'adresseront, pour le service, à M. le général Michaux, à Blois, après son départ, et ils devront mettre leur gloire non seulement à garder leurs fortes positions, dont la forêt de Marchenoir est la clef, mais encore à battre l'ennemi.

Signé : Général E. TRIPART.

—

Pièce justificative N° 4

ORDRE MINISTÉRIEL

Lieutenant-colonel du 33e régiment (mobiles de la Sarthe),

Ordre du Ministre. — Partir avec tout son régiment pour Blois où se trouve la brigade à laquelle il appartient.

(URGENT) *Le sous-préfet faisant fonctions de sous-intendant militaire,*

DE MARCAY.

—

Pièce justificative N° 5

Au quartier-général, à Blois, le 17 octobre 1870.

Par décision du Gouvernement, en date du 16 octobre courant, j'ai été appelé au commandement du 16e corps d'armée.

SOLDATS ET GARDES-MOBILES
DU 16e CORPS,

Je fais appel à votre énergie et à votre patriotisme. Les circonstances difficiles que traverse la France exigent le dévouement de tous ses enfants ; je compte sur le vôtre avec confiance.

La principale force de l'armée repose sur la discipline. Elle doit être strictement observée par tous dans tous les degrés de la hiérarchie.

Le Gouvernement a voulu, en créant la loi martiale, que la répression de tout acte d'indiscipline pût être plus prompte et plus sévère.

De grands devoirs me sont imposés à cet égard dans l'intérêt du pays et de l'armée. Je n'y faillirai point ; mais je serai heureux aussi toutes les fois qu'il me sera donné de faire valoir et récompenser vos services.

Le général commandant en chef le 16e corps,

Signé : POURCET.

Pour copie conforme :

Le colonel chef d'état-major,

VILLEMOT.

Pièce justificative N° 6

ORDRE

Blois, le 28 octobre 1870.

A partir d'aujourd'hui et jusqu'à nouvel ordre, la 3e division du 15e corps (division Peitavin) et la 2e division du 16e corps (division Barry) sont sous le commandement de M. le général Pourcet.

La 2e division du 15e corps (division Martineau) et la division Chanzy du 16e corps seront sous les ordres du commandant en chef des 15e et 16e corps qui leur donnera directement des ordres.

Les troupes de l'armée de la Loire se tiendront prêtes à partir demain pour aller occuper les emplacements suivants :

Les deux divisions du général Pourcet entre Ouzouer-le-Marché et le Coudray;

La division Chanzy en avant; à gauche Villorceau, la Bordière à droite;

La division Martineau entre le Grand-Bonvalet à gauche et Beaugency à droite;

La division de cavalerie du général Ressayre à Prenouvelon ;

La division Reyau à Foussart;

Le parc d'artillerie du 15e corps avec l'équipage de ponts à Mer;

La division de cavalerie Michel à Saint-Laurent-des-Bois et Bina;

La réserve d'artillerie du 15e corps à Foussart;

La réserve d'artillerie du 16e corps à Josnes;

Le grand quartier général au château de Serqueux.

Le général de division commandant en chef.

Pour copie conforme :

Le colonel chef d'état-major,

VILLEMOT.

Pièce justificative N° 7

Tours, le 18 *novembre* 1870.

Les Membres du Gouvernement de la Défense nationale,

En vertu des pouvoirs à eux délégués,

Considérant que les corps dont la désignation suit se sont particulièrement fait remarquer par leur intrépidité et leur sang-froid dans les combats qui ont amené la reprise de la ville d'Orléans,

Décrètent :

Les régiments de la garde nationale mobile de la Dordogne *et de la Sarthe* sont mis à l'ordre du jour de l'armée.

LES MEMBRES du Gouvernement.

Tours, le 17 *novembre* 1871.

Pièce justificative N° 8

GOUVERNEMENT DE LA DÉFENSE NATIONALE

Les Membres du Gouvernement de la Défense nationale,

En vertu des pouvoirs à eux délégués;

Considérant que, dans la journée du 1er décembre, la 1re division du 16e corps d'armée s'est signalée par son intrépidité et son sang-froid,

Décrètent :

ART. 1er. — La 1re division du 16e corps d'armée et son chef, le contre-amiral Jauréguiberry, sont mis à l'ordre du jour de l'armée.

Art. 2. — Le général Chanzy, commandant le 16e corps, est nommé grand-officier de la Légion d'honneur.

Fait à Tours, le 2 décembre 1870.

Pièce justificative n° 9

(*La 2e armée de la Loire*, par le général Chanzy. Livre 1er, page 73.) — Jusque-là l'ennemi avait présenté sur tout le front d'attaque la même résistance et tenté les mêmes efforts. Dès qu'il s'aperçut que notre droite n'était plus à craindre, il en vint à la manœuvre qui lui a tant de fois réussi, et changeant son ordre de bataille, il se porta en masse sur notre gauche avec l'intention de la tourner. On l'aperçut distinctement, dirigeant ses colonnes sur Tanon, et prenant une position d'équerre, en avant de la Maladerie où apparaissait en même temps une nombreuse cavalerie. L'amiral prit immédiatement ses dispositions pour faire face au danger qui le menaçait : La 2e ligne de la brigade Deplanque exécuta un changement de front à gauche, et les mitrailleuses, ainsi qu'une partie des batteries de la division, firent également face de ce côté. *Le 33e mobiles* (*Sarthe*), qui formait presque en entier cette nouvelle ligne, eut d'abord à essuyer un feu d'artillerie des plus violents qui ne l'empêcha pas d'essayer d'avancer jusqu'à portée de mousqueterie. Obligé de plier, il recula en ordre, les rangs formés comme à la manœuvre, et s'arrêtant fréquemment pour essayer de nouveau l'offensive. A deux heures, il n'avait pas perdu un kilomètre de terrain ; son attitude, son feu et celui de nos mitrailleuses, avaient constamment maintenu l'ennemi, qui perdait beaucoup de monde. . . . .

(Page 77). — La 1re division du 16e corps fut la dernière à cesser la lutte ; c'est à elle, ainsi qu'à son chef, que nous devions d'avoir conservé, à peu près, nos positions du matin. Sa contenance jusqu'à la fin de la journée imposa, du reste, tellement à l'ennemi, que celui-ci n'osa ni la poursuivre, lorsqu'elle retira du champ de bataille ses régiments les plus engagés, ni même occuper le parc de Villepion qui n'était cependant défendu, à la nuit, que *par quelques détachements du 33e mobiles*. Une partie de l'escadron du 1er hussards, attaché à la division, coucha dans le château de Villepion, à quelques centaines de mètres des Allemands, et ne le quitta que le matin avant le jour, lorsque l'amiral qui reconstituait sa division, la fit rentrer *avec les dernières fractions du régiment de la Sarthe.*

Pièce justificative N° 10

1re DIVISION MILITAIRE. — 3e SUBDIVISION

Ordre est donné aux débris du régiment de mobiles de la Sarthe (33e) de se rendre à Tours pour s'y reformer et attendre de nouveaux ordres.

Blois, le 10 décembre 1870.

Le général commandant la 3e subdivision militaire,

Signé : MICHAU.

Pièce justificative N° 11

RÉSULTATS DES ÉLECTIONS POUR L'ASSEMBLÉE NATIONALE

Scrutin du 8 février 1871

(Neuf députés à élire)

Inscrits.	1.259
Votants.	1.018
Abstentions.	240

Candidats ayant réuni le plus grand nombre de suffrages :

MM. Vétillart..	848
Cailleaux.	831
de Juigné.	788
Haentjens..	761
Gasselin de Fresnay	754
Bernard-Dutreil. . .	749
de Talhouët..	741
Busson-Duvivier.. .	680
de Larochefoucault.	300
Vérité-Bidault. . . .	112
Joignaux.	96
Lechevallier.	76
Jules Favre.	72
Goussault..	64
Jules Simon.	49
Crémieux.	47
Victor Hugo.	45

Pour copie conforme :

Le Lieutenant-Colonel,

DE LA TOUANNE.

Pièce justificative N° 12

ORDRE DU RÉGIMENT

Officiers et Mobiles,

Dans quelques heures, nous allons nous séparer. Je ne sais dans quelles conditions nous nous retrouverons, mais je ne veux pas vous laisser partir sans vous remercier, vous, Messieurs les Officiers, de votre concours si empressé, si loyal, vous, Mobiles, de votre zèle, de votre énergie, de votre dévouement qui n'ont reculé devant aucuns sacrifices.

Partis avec l'espoir de chasser l'ennemi de notre territoire, notre illusion n'a pas été de longue durée, mais nous avons pu faire flotter victorieusement notre drapeau le 9 novembre, le 1er décembre, et nous avons eu le plus grand honneur que puisse désirer un régiment : celui d'être mis deux fois à l'ordre du jour de l'armée.

Aujourd'hui, nous rentrons le cœur navré dans notre pays si éprouvé, si cruellement dévasté. Unissons-nous donc pour le relever, le vivifier, le reconstituer. Ce ne sera pas le moins beau côté de cette institution de la mobile que cette réunion, cette entente cimentée par le baptême du feu, par le sang versé en commun pour la défense du pays. Souvenez-vous en rentrant dans vos familles que, suivant l'expression du général Chanzy,

« vous êtes les soldats de l'ordre », car, sans ordre, il n'y a pas de défense nationale possible, et c'est avec l'ordre seul que nous pouvons rendre à notre pauvre pays sa vitalité et panser ses plaies.

Mobiles,

Les dures lois de la guerre nous forcent à rentrer sans armes, et, pourtant, nous ne les avons pas rendues, nous! Mais il nous reste un emblême, notre pauvre et fier drapeau qui, après nous avoir vu triomphants à Coulmiers, à Patay, après avoir été planté victorieusement sur la ferme du Mée par le capitaine Couturié, a vu aussi nos héroïques efforts à Loigny, à Saint-Jean. Ce drapeau est celui du 33e, celui des mobiles de la Sarthe dont le nom, grâce à votre courage, est aujourd'hui impérissable. Nous le saluerons donc avant de nous quitter, et, en défilant devant lui, nous crierons ensemble ce cri de tout homme qui, comme vous, s'est donné corps et âme pour défendre la patrie :

Vive la France!

Le Lieutenant-Colonel Commandant,
DE LA TOUANNE.

Beaugé, le 18 mars 1871.

ANNEXE N° 1

CABINET
DU PRÉFET
de la Sarthe

Le Mans, le 21 *novembre* 1870.

COLONEL,

La conduite de la mobile de la Sarthe et la part importante qu'elle a prise à notre succès d'Orléans a été signalée à la France entière par la mise à l'ordre du jour de l'armée.

Mais je tiens à vous charger, pour vos officiers et pour vos soldats, des félicitations tout particulièrement sympathiques des Sarthois.

C'est vous, les plus jeunes de nos concitoyens, qui avez eu l'honneur de donner à vos aînés de la garde nationale mobilisée et de la garde nationale sédentaire, l'exemple du courage et de la fermeté.

Je vous adresse, à vous personnellement, mon cher colonel, l'expression de ma gratitude.

Avec les félicitations de la Sarthe, vous aurez également à transmettre à vos troupes le salut cordial de nos compatriotes de la Mayenne. Les mobiles et les mobilisés de ce département, m'a télégraphié mon collègue, « serrent cordialement la main des « jeunes citoyens qu'ils ont l'honneur « d'avoir pour voisins. »

Ces éloges mérités vous serviront à tous d'encouragement pour redoubler d'ardeur et de zèle. Je compte encore sur vous tous, et vous prie de croire à mon entier dévouement.

Agréez, mon cher colonel, l'assurance de mes meilleurs sentiments,

Le préfet de la Sarthe,
Georges LECHEVALIER.

ANNEXE N° 2

MON GÉNÉRAL,

J'ai l'honneur de vous rendre compte qu'à la suite de votre communication j'ai demandé aux officiers que j'ai l'honneur de commander leur impression sur la disposition des hommes dans le cas d'une reprise des hostilités.

Ces Messieurs, auxquels je m'associe entièrement, vous font respectueusement observer que cette demande rentre singulièrement dans le domaine de la politique, que, soldats, ils ont toujours été là où on les a conduits et qu'ils ont eu l'honneur et le bonheur d'y tenir haut et ferme le drapeau du régiment, que, pour eux, ils ne demandent que des ordres et qu'ils s'y conformeront, quels qu'ils soient, ayant la ferme conviction que leurs hommes les suivront.

Si, maintenant, on veut être absolument éclairé sur les sentiments intimes des hommes, il y a pour cela un criterium exact : Les votes émis il y a huit jours.

En outre, le mot *armistice* est généralement peu compris. Il semble, pour les hommes, impliquer l'idée certaine de la cessation des hostilités, d'autant que, depuis ce moment, rien n'a été distribué, en armes ou équipement et chaussures, qui ait pu leur faire supposer le contraire de leurs désirs et de leurs appréciations.

J'ai l'honneur d'être, avec le plus profond respect,

Mon Général,

Votre très-obéissant serviteur,

Le Lieutenant-Colonel Commandant le 33e,

DE LA TOUANNE.

ANNEXE N° 3

Les régiments de marche de la division avaient reçu leurs diverses destination. Le 39e allait à Paris, le 37e à Tours, il était même cantonné à Châtellerault pour partir au premier signal. Cet excellent régiment, à peine arrivé, était dirigé sur Versailles où il prenait une part active et brillante au siége de Paris. Le 37e, commandé par son digne chef le colonel Mallat, entrait le premier à Paris à la suite de Ducatel, mais il avait la douleur de voir son colonel tué à la barricade de la Bastille. Son souvenir, comme celui de tous les officiers et hommes du régiment, sera toujours présent à la mémoire du 33e mobiles.

—

ANNEXE N° 4

MESSIEURS LES OFFICIERS ET VOUS MOBILES DU 33e,

Dans quelques instants, nous allons nous quitter et vous allez rentrer dans vos foyers.

Je ne veux cependant pas vous laisser partir sans vous dire moi-même et de vive-voix ce que j'ai mis à l'ordre du régiment. Je veux vous remercier de votre zèle, de votre dévouement, de votre abnégation qui ont été à la hauteur de tous les sacrifices, de toutes les fatigues et de toutes les privations, fatigues et privations que je me suis toujours efforcé d'atténuer et d'adoucir, mais que je n'ai pas toujours pu vous éviter.

Vous rentrez tristes mais fiers, car ce drapeau que vous avaient confié la ville, le département, vous le rapportez et vous le rapportez glorieux. Vous avez eu deux fois l'insigne honneur d'être mis à l'ordre du jour de l'armée. Vous allez rentrer dans vos foyers, conservez-y le bon esprit qui a fait de vous un des meilleurs régiments de l'armée de la Loire. En persévérant, nous serons unis, et le jour où nous serons unis nous serons forts, et ce jour-là nous prendrons, je l'espère, une éclatante et terrible revanche.

Quand on a partagé pendant de longs mois les mêmes privations, supporté les mêmes angoisses, on aime à se retrouver; je vous salue donc, mes amis, en vous disant, non pas adieu, mais au revoir.

Le Mans, 20 mars 1871.

ANNEXE N° 5

DISCOURS

PRONONCÉ SUR LA TOMBE DU COMMANDANT

de Mailly-Chalon

par le Lieutenant-Colonel du 33e Mobiles

MESSIEURS,

Vous me permettrez de dire un dernier adieu à cet homme de cœur et de bien qui était le comte de Mailly-Chalon. Hier son collègue, témoin de sa noble impatience de concourir au salut du pays, c'est un juste tribut d'admiration et d'amitié que je viens lui payer au nom de tous ceux qui ont pu l'apprécier pendant ces jours si remplis et si douloureux.

Au milieu de nos angoisses, un grand spectacle s'est produit, ce sera l'honneur du pays, l'histoire ne l'oubliera pas, et il prouve une fois de plus quelle noble virilité se trouve toujours dans cette France que l'on n'a pas craint de dire si dégénérée. Ce spectacle, Messieurs, c'est l'élan spontané qui a fait abondonner à ces jeunes hommes, famille, fortune, emplois, pour venir offrir leurs bras et leurs vies à la patrie menacée.

M. de Mailly fut un de ces ouvriers de la première heure, et pourtant tout lui souriait. Sa vie était calme et heureuse, mais son ardente et généreuse nature lui faisait un devoir d'apporter son épée au secours du pays, et il accourait. Avec une activité fiévreuse il organisait son bataillon, et bientôt on le jugeait digne de faire partie de ce brillant 17e corps si vaillamment commandé, et arrivé si à propos pour tendre la main à ses frères d'armes, fatigués et compromis. Le 2 décembre était un glorieux début pour le 74e, et heureusement il avait peu souffert, mais le lendemain le combat recommençait plus furieux que jamais. Toujours en avant, encourageant ses hommes, les entraînant à sa suite, le commandant de Mailly était frappé, et, hélas! cette blessure devait avoir une issue fatale!

Que dire, mon Dieu, quelles consolations humaines donner à une noble famille si cruellement atteinte? On ne peut que murmurer ces deux mots : Dieu et Patrie,

A vous, malheureux parents, qui voyez tomber ce fils, votre joie et votre orgueil,

A vous, Madame, si abîmée dans votre

douleur, il n'y a que Dieu qui puisse donner la résignation à sa volonté divine et la force de supporter un si terrible coup.

Pour vous, pauvres enfants, si cruellement atteints à cet âge où la bienfaisante influence paternelle est si nécessaire, où l'on a tant besoin d'être dirigé, d'être soutenu, vous serez guidés par le noble exemple que vous laisse votre père, vous ne l'oublierez pas, et vous vous rendrez dignes de lui.

Quant à nous, Messieurs, si douloureusement affligés par une fin si glorieuse mais si cruelle, nous ne pouvons que répéter à notre pauvre ami, en lui disant un dernier adieu, que son souvenir est désormais impérissable pour nous et pour le pays.

Vicomte de LA TOUANNE.

Le Mans, décembre 1870.

APPENDICE

M. l'abbé Morancé, notre digne aumônier, qui ne nous quitta pas durant toute la campagne, a jeté sur le papier quelques notes où se retrouve son cœur de Français et de prêtre; il a bien voulu nous les communiquer, et, en les reproduisant, nous croyons être agréables, non seulement à ceux qui ont pu l'apprécier, mais aussi à ceux qui le liront.

..... C'était le jeudi 1er décembre, nous venions de quitter Saint-Sigismond, et laissant sur notre droite Saint-Péravy-la-Colombe et Patay, nous arrivions au nord-est de Guillonville; il pouvait être deux heures. L'action, déjà engagée, devenait sérieuse; nous ne tardâmes pas à y prendre part. Pour nos blessés, M. le curé de Guillonville disposa son église. Deux heures plus tard elle était remplie, et lorsque je revins vers huit heures du champ de bataille, accompagnant les voitures chargées de nos derniers blessés, nous fûmes obligés de faire sortir ceux qui étaient transportables et de les diriger sur Patay. Depuis le seuil de l'église jusqu'au sanctuaire, furent bientôt entassés sur la paille nos malheureux enfants. Je ne dois pas oublier le noble curé de Guillonville. Sa maison, son linge, le peu de provisions que lui avaient laissées les Prussiens, tout fut donné avec une générosité sans réserve. L'instituteur, de son côté, à la maison d'école remplie, se sacrifiait entièrement. Mais nos besoins étaient immenses, et cette nuit-là je pleurai toutes les larmes de mes yeux. Après avoir pourvu aux plus pressants besoins, je vins me jeter un instant tout habillé sur le lit de M. le curé, où un général prussien avait couché la veille, et devait revenir, hélas ! bientôt ; mais l'homme charitable qui gardait nos pauvres mourants dans l'église, ne tarda pas à venir me chercher. Il était trois heures du matin. On venait d'apporter, des fermes environnantes, de nouveaux blessés. J'aidai à sortir les morts pour faire une place sur cette paille où le sang ruisselait. Arrivé à l'autel de la Sainte-Vierge, je m'agenouillai auprès d'un jeune soldat de la ligne qui paraissait en de vives souffrances.

« — Mon enfant, lui dis-je, vous souffrez « beaucoup.

« — Beaucoup, oui, mon père, mais trop, « non, car j'expie.

« — Vous expiez, cher enfant !...

« — Oui, mon père, les fautes de ma vie. « Veuillez en recevoir l'aveu. »

J'entendis sa confession qu'il acheva dans des sentiments admirables.

« Maintenant, mon père, dit-il, voici mes commissions :

« Prenez dans ma poche ma montre, vous
« l'enverrez à mon frère, comme un dernier
« souvenir d'affection. Je m'appelle Jean
« Sarda, je suis de Loupiac, canton de Li-
« moux, au département de l'Aude... Dans
« mon autre poche, une petite chaîne que
« vous donnerez à la sainte Vierge. Ecrivez
« bien au pays, mon père, que je meurs sur
« l'autel de la sainte Vierge que j'ai appris à
« aimer dans mon enfance... que je meurs
« calme, résigné..., (une larme coula de ses
« yeux)... et content!... Vous avez intérêt,
« mon père, à le leur dire, car désormais ils
« uniront votre nom au mien dans leurs
« prières... Mais ne me laissez pas mourir
« sans revenir me bénir !... »

Le pauvre enfant avait deux balles dans la poitrine et les symptômes précurseurs de la mort apparaissaient déjà.

Je parcourus tous les bancs, cela demanda plusieurs heures, mais mes yeux se tournaient sans cesse vers ce noble jeune homme. Lorsque je revins à lui, sa voix était éteinte. Je lui pris les deux mains...

« Mon cher enfant, c'est moi, votre ami,
« le consolateur de la dernière heure... »
Il ouvrit les yeux... j'en vis sortir des larmes... « Courage! enfant, dans un instant

« le Ciel ; et vous prierez pour moi... Si « vous me reconnaissez, serrez-moi la « main. » ... Il fit un suprême effort, la serra, la porta à ses lèvres... et rendit à Dieu sa belle âme !...

Et je restai à genoux, demandant au bon Dieu, par les mérites d'un si généreux sacrifice, d'avoir pitié de moi.

Depuis, ces commissions ont été faites, et la famille Sarda, de Loupiac, transmettra ce récit à ses enfants. Le prix de sa petite chaîne a été déposé le 2 juillet aux pieds de Notre-Dame, dans son sanctuaire béni de Torcé. Humble et touchante offrande d'un jeune soldat mourant, qui, comme l'obole de la veuve de l'Evangile, est allée jusqu'au cœur de Dieu !...

Le lendemain, bien des cadavres étaient entassés, au midi, le long du mur de l'église. Je n'eus pas la consolation de leur donner la sépulture, mon régiment devait se battre.

Je jetai un dernier regard à ces morts de la nuit... ; je m'éloignai à regret... fortifiant mon âme par la méditation de ces paroles :

Evigilabunt... Exultabunt Domino ossa humiliata... Dominus custodit omnia ossa eorum ; unum ex his non conteretur.

Ce jour-là, 2 décembre, fut solennel dans nos destinées. Au milieu du champ de bataille, au plus fort de l'action, notre cher colonel fut blessé. La nouvelle s'en répandit bientôt, et la tristesse se peignit sur tous les visages..., mais en s'éloignant de son 33e dont il était fier et qui lui devait sa bonne discipline et sa tenue, il eut au moins la satisfaction de voir qu'il ne fléchissait pas.

. . . .

Près de nous, un bataillon étranger à notre régiment semblait hésiter. J'entendis cette belle parole de l'officier qui le commandait : « Mes amis, est-ce que vous avez « peur... Ah ! ne craignez pas la mort ; faisons notre devoir, ce n'est point le plomb « qui tue, c'est quand l'heure de la Provi- « dence de Dieu est arrivée !... »

Si nous devions succomber, au moins il y a eu de généreux sacrifices qui attireront, je l'espère, sur notre pauvre patrie les miséricordes du Ciel.

Le dimanche, 4 décembre au matin, nous venions de quitter Saint-Péravy-la-Colombe, et nous prenions nos positions, lorsque je m'entendis appeler par un mobile de Loir-et-Cher.

« Monsieur l'aumônier, dit-il, mon lieute- « nant m'a recommandé, en mourant, de vous « apporter son épée. Vous la remettrez à sa « famille en lui annonçant sa mort ; c'est « son dernier souvenir d'affection... »

Je pris cette épée encore teinte du sang de ce généreux enfant... Je la mis sous mon bras et j'allai reprendre ma place au milieu des officiers du 2e bataillon. Chacun m'interrogeait.

« — Monsieur l'aumônier a une épée !...

« — Oui, mes amis, une épée, que je « défendrai, s'il le faut, au péril de ma « vie !...

« — Vous avez la croix et l'épée !...

« — La croix pour vous bénir..., l'épée « pour vous défendre !... »

Je la gardai quelque temps, mais m'apercevant qu'elle deviendrait gênante pour panser les blessés qui réclamaient nos soins, je la confiai au sergent Barbe (1). Ce fut heureux pour moi. Cerné deux heures plus tard par les Prussiens, j'étais fait prisonnier. Encore porteur de cette épée j'aurais été certainement fusillé.

S'ils n'ont pas été bienveillants, je ne puis dire cependant qu'ils m'aient traité avec rigueur.

Le soir, j'échappai de leurs mains à Gémigny-Rosières, poussé par l'invincible besoin de rejoindre mes chers compagnons d'armes, et guidé par un élève distingué de l'Ecole de médecine de Strasbourg, attaché comme docteur au 17e corps.

Auprès d'un village abandonné, avant Coulmiers, j'aperçus une jeune femme assise auprès d'un feu de bivouac, tenant un en-

(1) Après bien des recherches pour retrouver la famille du jeune lieutenant dont le nom m'avait été mal indiqué, j'ai pu adresser à M. Quentin, de Blois, ce dernier et précieux souvenir d'un fils qui a noblement payé sa dette à la patrie.

fant enveloppé dans ses langes. Elle se lève à mon approche :

« — Monsieur, me dit-elle, vous êtes au-
« mônier militaire et catholique ?

« — Oui, mon enfant, je suis prêtre ca-
« tholique...

« — Ah ! Monsieur, je suis bien malheu-
« reuse... J'ai fui mon village envahi, incen-
« dié... Je suis mère depuis quelques jours,
« et mon enfant n'est pas baptisé..., voulez-
« vous lui donner le baptême ? »

Elle se met à genoux, tenant son enfant dans ses bras ; je prends un peu d'eau dans le creux de ma main et le baptise. La fonction sainte accomplie, elle l'enveloppe dans son châle, va se rasseoir auprès du feu et me dit, au travers de ses larmes : « Merci, mon
« père..., à la garde de Dieu, mon enfant est
« baptisé, nous pouvons mourir tous les
« deux... ! »

J'arrivai à minuit à Coulmiers où je pus prendre quelques heures de repos, dans ce village que nous avions vu, hélas ! dans un jour plus heureux. J'en repartis au petit jour... Mon cœur était brisé, je commençais à voir que toute espérance était perdue... Notre vie ne devait plus être qu'un enchaînement de fatigues sans résultat.

Au pied d'une croix, avant Bacon, je trouvai un jeune sous-officier de zouaves pontificaux assis, sa tête dans ses deux mains.

... Je frappai sur son épaule... « Enfant,
« lui dis-je, vous paraissez accablé... »

« — Oui, mon père, j'ai vu tomber les miens, « je suis du bataillon de Charette, et ils sont « là-bas, fauchés par la mort comme le mois- « sonneur aligne les épis sous sa faucille...

« — Mon enfant, je vais à Josnes, au quar- « tier général où j'apprendrai sûrement le « chemin qu'a suivi mon régiment ; faisons « route ensemble...

« — Oui, mon père, quand je rencontre un « aumônier, mon sac me semble moins pe- « sant. »

Le long du chemin, je découvris en lui une foule de connaissances. Il citait avec beaucoup d'à-propos et sans ostentation de fort beaux textes. Arrivés à Ourcelles, où nous devions nous séparer pour rejoindre nos corps, je voulus garder son nom comme un de mes bons souvenirs de campagne. Il écrit sur une feuille de son carnet : Jean-Marie le D .., de Kéraenor, Plougras (Côtes-du-Nord). « Kéraenor, me dit-il, ce mot veut « dire : Peuple de la Croix, et nous ne l'a- « vons pas oublié. »

Puis jetant un regard dont je n'oublierai jamais l'expression sur cette plaine immense, remplie de traînards, de voitures renversées, de chevaux morts, et au milieu de tout cela, des conducteurs réquisitionnés, jurant, blasphémant... « Voyez, père, *cecidit,* « *cecidit Babylon magna... !* Eh bien ! faisons « notre devoir, et si demain le plomb prus- « sien nous tue, au Ciel nous achèverons le « texte de Saint-Jean : *Alleluia! alleluia!* « *alleluia...!* »

Le mardi, dans la soirée, je rejoignis mon régiment à Lorges après une séparation de trente-six heures qui m'ont semblé bien longues ; et ceux-là seulement qui ont partagé notre vie peuvent comprendre le bonheur qu'on éprouve à se retrouver . . . . . .

. . . .

. . . .

. . . .

. . . .

Malgré toutes les souffrances, au milieu d'un froid inouï, malgré toutes les privations occasionnées par la difficulté d'approvisionner une grande armée se repliant toujours, le temps marchait bien fort : mais nos malheurs allaient plus vite encore.

Au milieu de décembre, nous étions aux portes de Vendôme, après avoir laissé dans toutes les églises et maisons charitables, nos pauvres blessés ; sur tous les chemins nos morts. A minuit je fus appelé dans une ambulance improvisée. Mme la comtesse de Sarazin, en se retirant au Mans, avait ouvert à la charité les appartements de son vaste hôtel... Ils furent bientôt remplis. J'arrivai au premier, au fond de la cour. Dans l'embrasure d'une fenêtre, un soldat se mourait ; une balle avait traversé sa poitrine. Au frémissement de son pouls, on sentait le dernier effort d'une âme impatiente de se dégager de ses liens terrestres.

Cependant, malgré ses vives souffrances, il avait conservé la plus entière connaissance. « Mon cher enfant, lui dis-je, vous

« m'avez rappelé près de vous, vous avez « peut-être oublié quelque chose dans votre « confession d'hier soir.

« — Oh! non, Monsieur, je vous ai bien « tout dit, mais je sens que je meurs....., je « n'ai plus que quelques instants à vivre....., « je vous demande un grand service....., « veuillez écrire à Paris, telle rue, tel nu- « méro, Mme une telle..... Nous ne sommes « pas mariés, Monsieur! Ah! si Paris n'était « pas assiégé, vous la feriez venir et vous « nous béniriez sur mon lit de mort.....; « mais écrivez-lui que je meurs dans la « grâce du bon Dieu....., que ma dernière « parole, ma dernière pensée, mon dernier « désir, le vœu sacré d'un mourant est de la « conjurer d'élever chrétiennement mes en- « fants. C'est bien dur de mourir quand on « laisse après soi sur la terre trois pau- « vres petits infortunés, qui n'auront même « pas un nom sous lequel paraître dans le « monde!.....; mais dites-lui que je la con- « jure de les élever dans ces grands et saints « principes qui feraient, si l'on voulait, le « bonheur de la vie et donneraient tant de « consolation au moment de la mort..... »

« — Mon pauvre enfant, lui dis-je, vos « commissions seront faites, je vous le pro- « mets. Mais, vous-même, vous avez donc « été bien chrétiennement élevé?.....

« — Bien chrétiennement, oh! oui, Mon- « sieur, et par ma mère et par le digne abbé « Duguerry, curé de la Madeleine..... Ah! si « j'avais suivi ses conseils : marié légitime-

« ment, je n'aurais pas été rappelé comme « ancien soldat..... Mais il est une chose « qu'elle m'avait enseignée et que je n'ai « jamais oubliée, de me recommander cha- « que soir à la Sainte-Vierge par une petite « prière..... »

Je restai près de lui jusqu'à sa mort qui ne tarda pas, et sa dernière parole fut de confier à la Providence de Dieu ses pauvres enfants. *Orphano tu eris adjutor*.....

Et ce suprême appel a été entendu. Après bien des recherches, j'ai eu le bonheur de découvrir sa famille, et sa sœur m'a annoncé qu'elle veut se charger de ses trois enfants. Ils seront élevés selon les intentions de leur père. . . . .

. . . .

FIN

Le Mans. — Impr. de la SARTHE, rue Bourgeoise, 3.

www.ingramcontent.com/pod-product-compliance
Ingram Content Group UK Ltd.
Pitfield, Milton Keynes, MK11 3LW, UK
UKHW020124200726
13856UKWH00002B/715

9 782011 787811